Ⓢ新潮新書

吉野貴晶
YOSHINO Takaaki

サザエさんと株価の関係

行動ファイナンス入門

154

新潮社

サザエさんと株価の関係——行動ファイナンス入門●目次

まえがき

世の中にある「○○学」と名の付く学問のなかで、経済学はかなり「人間味」がないほうだと思われているのではないだろうか。小説や映画、マンガに出てくる経済学者というのはどこか浮世離れしていてクールな存在であることが多い。たとえば人気マンガ『天才　柳沢教授の生活』の主人公は、経済学の教授である。この柳沢教授は、実は人情味もある魅力的な人物なのだが、普段の生活における行動様式はまるでロボットのようである。表情もあまり変化しないし、自分の決めたルールを絶対に守ろうとする。そのためにいつも騒動を巻き起こすのだが、周囲がイライラしていることすら柳沢教授にはピンと来ないようである。

堅い、謹厳実直、融通が利かない、理屈っぽい、頭でっかちといったところが世間一般の経済学者に対するイメージだと思う。これはそのまま経済学に関係する学問全体にも共通している。

　おそらく株式、ファイナンスといった分野についてのイメージにも似たようなものがあるのだろう。ニュースで株式について伝える際には多くの場合、東証や街中の証券会社のボードがバックに映し出される。そこには7本の直線で0から9まで表現できるデジタルな数字だけが並んでいる。かつてのようにジャンケンみたいな手付きでサインを送っている証券マンはもういない。すべては画面上で処理されていく。そのため、見ている側が株式市場というものにクールな印象を持ってしまうのも無理はない。

　しかし、いまさら言うまでもなく、実際に経済を動かしているのは人間である。ネット証券が盛んになり、1回のクリックで大金が動かせるようになったとしても、その際に人差し指を動かしているのは、さっきまで「昼食はラーメンにしようか、カレーにしようか」と悩んでいた人間なのである。もちろん、昼食のメニューは投資行動に影響しないだろう（いや、もしかすると美味《おい》しいものを食べて、気分が良くなり、財布のヒモがゆるむということはあるかもしれないが）。しかし、実はこうしたレベルの瑣末なことが無意識のうちに人間の行動に影響を与えていることは往々にしてある。似たようなレベルの銘柄の、いずれかを買おうとするときに、イメージキャラクターのタレントが可愛いほう、という選び方をする人がいてもおかしくはない。そのときには確かに感情が大きく影響している。こうした感情を大衆レベルで共有するようになったときには、市場にも影響が現れるのである。

　同様のことは企業についてもいえる。本来、企業というものは利益を最大限に追求する存在である。その考えからいけば、仮に社会的な貢献というものを考えたとしても、それはあくまでも企業イメージ向上のためであって、広い意味での宣伝活動に繋がる、つまり「実利のあるいいかっこしい」に過ぎないことになる。

　ところが、これは真実ではない。一見、無駄なこと、「一文の得にもならない、いいかっこしい」のようなことをしていたほうが結果として、その会社の利益にも繋がっていくのである。「情けは人のためならず」にならえば、「情けは他社のためならず」とでもいうべき傾向があることが、本書をお読みになればおわかりになるはずである。

　本書は、株式市場という、一見複雑で、馴染みの薄い人にとっては得体が知れない世界が、どのくらい人間の気持ちや季節といった情緒あふれる世界と関連しているかについての調査の結果をまとめたものである。実はこのように経済学と心理学とを結びつけたジャンルは「行動ファイナンス」と呼ばれており、最近日本でも盛んに研究されるようになった領域である。代表的な研究者の1人であるダニエル・カーネマン教授はノーベル経済学賞も受賞している。

「サザエさん」の視聴率、ペットのイヌ、宝くじの人気などが株式市場と密接な関係がある、といったら「こじつけだ」と思われるかもしれない。筆者としてはできるだけそのような批判を避けるために、分析のもとになったデータは明記したつもりである。

本書は、筆者の勤務する大和総研のマンスリーレポートで発表した調査結果をもとにまとめたものである。読者の方が少しでも株式市場や投資といったことに、人間味を感じてくださり、身近なものと思っていただければと思う。

またご紹介したいくつかのルールを参考にすることによって、読者の貯金が増えれば筆者としてこれ以上の喜びはない。もちろん、その際には投資という経済活動によって読者の感情が大きくポジティブな方向に変化することであろう。

第1話　「サザエさん」の視聴率で景気がわかる

サザエさん症候群

多くの日本人にとってテレビが行動を左右する大きな要因であるのは間違いない。よほどの変わり者、もしくは信念の持ち主でない限り、程度の差こそあれ、テレビは生活の一部を占めている。

その顕著な例は国民的行事の類がテレビで中継されるときに見られる。記憶に新しい例としては日韓共催で盛り上がったサッカー・ワールドカップでの日本戦があげられるだろう。

たとえばその夜、各地の繁華街は普段では考えられないほどの静けさであった。東京で有数の繁華街である銀座もほとんどゴーストタウンの様相を呈していた。物好きな知人はわざわざ喫茶店に入ってみたが、客は深刻な話をしているカップル１組だけ。カウンターの奥では気の毒にもローテーションで勤務せざるをえなかったのだろう、若いウエイターが１人、小さなテレビで音を小さくして観戦していたという。

この夜、サッカー中継の番組が人々の行動、ひいては経済活動に大きな影響を与えていたことは事実である。しかし、このようなビッグイベントが常にあるわけではない（まあ滅多にないからビッグイベントなのだが）。

さて、それでは多くの人に恒常的に影響を与えているテレビ番組とは何だろうか。当然、視聴率が高い番組ということになる。試しにビデオリサーチ社が発表した２００４年度の高視聴率番組（関東地区）は以下の通りである。１位「紅白歌合戦」（ＮＨＫ総合）39・３％、２位「ニュース」（ＮＨＫ総合）37・７％、３位「めちゃ2イケてるッ！オールスター夢の激突８周年感謝スペシャル」（フジテレビ）33・２％、４位「ＡＦＣアジアカップ中国２００４・日本対中国」（テレビ朝日）32・４％、５位「白い巨塔・最終回」（フジテレビ）32・１％となる。

ちなみにビデオリサーチが発表している歴代視聴率のベスト10（関東地区）は次の通りである。

1位「第14回紅白歌合戦」（81・4％）、2位「東京オリンピック大会」（66・8％）、3位「FIFAワールドカップ・日本対ロシア」（66・1％）、4位「プロレスWWA世界選手権・力道山対デストロイヤー」（64・0％）、5位「世界バンタム級タイトルマッチ・ファイティング原田対エデル・ジョフレ」（63・7％）、6位「おしん」（62・9％）、7位「ワールドカップサッカーフランス'98・日本対クロアチア」（60・9％）、8位「世界バンタム級タイトルマッチ・ファイティング原田対アラン・ラドキン」（60・4％）、9位「ついに帰らなかった吉展ちゃん（ニュース）」（59・0％）、10位「第20回オリンピックミュンヘン大会」（58・7％）

（※各大会または番組の最高時を抽出したもの）

ご覧のとおり、ほとんどが単発のイベントであって、いわゆるレギュラー番組は「おしん」くらいであるし、現在放送されているものはない。

しかし、テレビが私たちの意識や生活に大きな影響を与えているのは間違いない。ということは、株式市場にも影響を与えていると考えていいだろう。それを立証する際の問題は、現在放送中の人気番組からどれを取り出して分析の対象とするかである。

分析するにあたっては、まず長寿番組でなくてはいけない。多くの場合、ドラマは3

カ月～半年で終了するため、これは対象外となる。ＮＨＫの大河ドラマは（近年、長期低落傾向にあるとはいえ）日曜日夜８時からの定番の高視聴率番組である。しかし、ご存知の通り、毎年テーマが変わるので、同一の番組とはいえない。

ちなみに２０００年度以降で大河ドラマの平均視聴率が最も高かったのは２００２年度の「利家とまつ」の22・１％であった。最も低かったのは２００３年度の「武蔵」の16・７％である。何故、これだけ差が出たのだろう？　恐らく出演者の人気にも左右されたことだろう。前田利家の妻・まつ役だった松嶋菜々子ファンには外せない番組だったかもしれない。しかし筆者はもっと別の要因があると考える。

２００４年度の「新選組！」も人気の香取慎吾が主役であったにもかかわらず、視聴率は下から２番目の17・４％であった。これは「新選組！」がサービス精神から、フィクション的要素を多くしたせいかもしれない。視聴者は歴史的に良く知られたテーマをドラマ風に仕立てたものより、本当の歴史に興味があるのではないか？　普通のドラマならノンフィクションで良い。視聴者が歴史を題材にした番組に期待することは「真実」の裏付けであると考える。

これは後に企業の社会的責任（Corporate Social Responsibility、以下ＣＳＲ）に関連した項でも述べるが、テレビゲーム等のバーチャルなものが氾濫するなかで、世の中が原点に戻り、真実に回帰する方向にあり、その影響があると考えられる。

話を元に戻そう。分析の対象として考えると、「紅白歌合戦」は年に1回しか放送されないので、除外したい。

ニュース番組も確かに高視聴率ではあるが、あまりにもその日や時期によって内容が異なるうえに、視聴率の「ムラ」も激しすぎる。たとえばワールドカップアジア予選直後の「報道ステーション」は40％近い視聴率だったが、もちろん普段はそんなことはない。

このようにして、①長寿番組である②内容が安定している③幅広い層が見ている、といったことを条件としていくと、それにもっとも合致しているのは、日曜日の夕方のテレビ番組の定番、国民的人気アニメ「サザエさん」だということになる。ビデオリサーチの調べでは2005年1月30日の視聴率は20・5％（関東地区）。この日は5軒に1軒は「サザエさん」を家庭で楽しんでいたことになる。

「サザエさん」のような平和な（悪く言えば人畜無害な）番組が人々に影響を与えるのか。そうした疑問をお持ちの方もいらっしゃるかもしれない。

しかし、実際に「サザエさん症候群」なる言葉も心理学の世界では登場している。

A子さんは、日曜日の夕方のテレビアニメ「サザエさん」を見ているうちに、「あーこれで休みも終わりか」と、憂鬱でたまらなくなってしまう。

「サザエさん」を見ている最中や月曜日の朝には、気分がふさぎこんで理由もなく涙が出たり、頭痛やめまいに襲われ、出社するのが苦痛になる（全国生協連のサイト「心が元気！　メンタルヘルス健康ガイド」より）。

カツオやワカメに罪はない。ただ、カツオやワカメを見ると、月曜日まであと何時間、というのがわかってしまうことが問題なのである。8月末になると、テレビのアナウンサーが「夏休みももう終わりですね。ちびっ子のみんなは宿題済ませたかな」などと余計な時候の挨拶をすることがある。それを聞いて、そんなことは大きなお世話だ、わかっているさ、と思いつつ憂鬱になった覚えのある方もいらっしゃるのではないか。「サザエさん症候群」は、あのときの感じに似ているような気がする。

「サザエさん」は、磯野家の暖かなエピソードに心休まる内容だが、それを見終わるこ

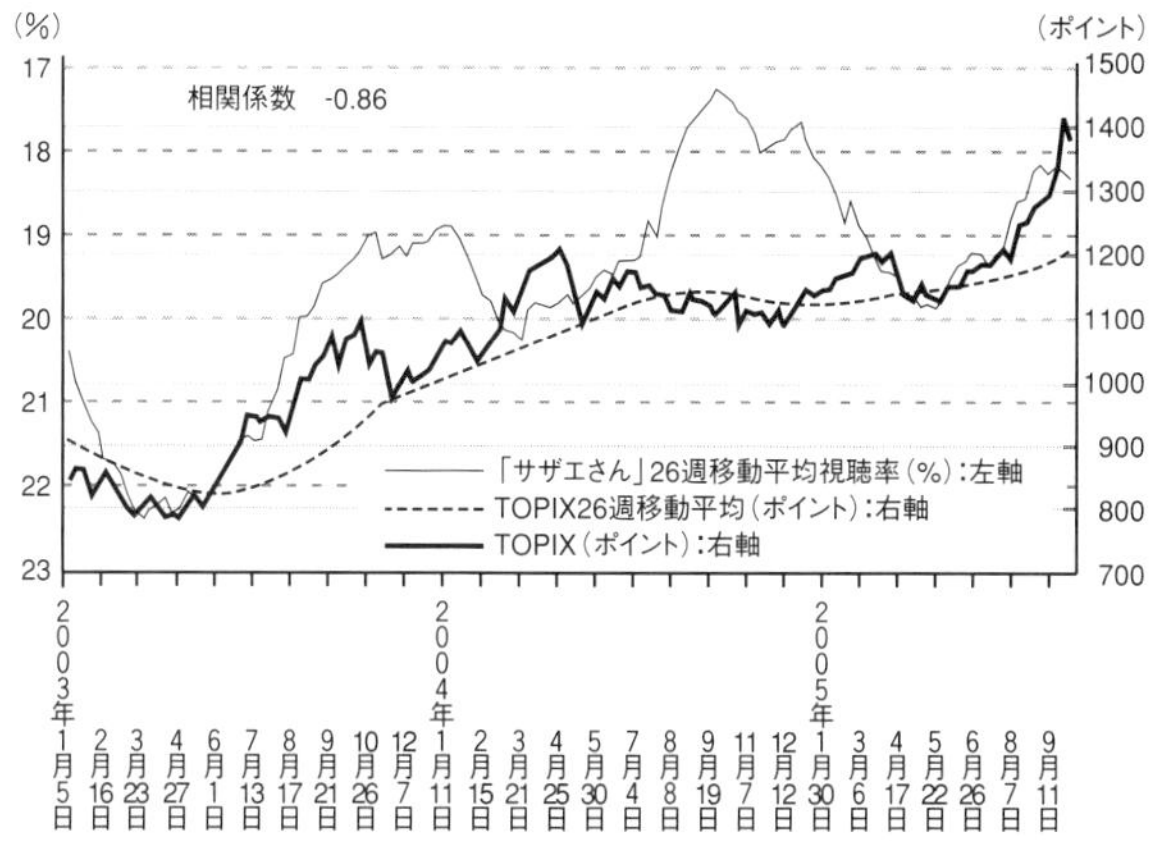

図1-1　「サザエさん」の視聴率とTOPIXの推移

ろに憂鬱になってしまう。「サザエさん」の終わりは休日の終わりを連想させる。そして明日の仕事のことを考えると気分が沈んでしまうのだ。

「サザエさん」の明るさは、見ている人に元気を与えるはずなのだが、こんな不名誉な名称がついては大変残念である。しかし、「サザエさん」が社会現象に繋がるのであれば、株式市場にも少なからず関係があるはずだ。

「サザエさん」の視聴率と株式市場

サザエさん症候群という言葉が聞かれ始めたのは何時《いつ》頃であろうか？　それほど、昔からではない。そこで、２００３年以降の「サザエさん」の視聴率と株式市場の関係を調べた。

　単純に視聴率を見ると大きく変動して分析が出来ない。たとえば、ゴールデンウィーク真っ只中の２００４年５月２日の視聴率は15・９％で、同年の49週中の42位と下位である。ゴールデンウィークに出掛けてしまいテレビを見られなかったためだろう。同じ理由で月曜が祭日の場合は日曜が３連休の真ん中となるため視聴率は低下する。２００４年の最低視聴率の日は翌日が海の日となった７月18日の12・５％であった。そこで視聴率データをならして見るため約半年間である26週間の視聴率の移動平均と、株式市場全体の動きを見るＴＯＰＩＸ（東証株価指数）の関係を捉えた。ＴＯＰＩＸも同様に26週移動平均に直してある（視聴率移動平均はビデオリサーチの発表から筆者が独自に算定したものである）。図１―１で計測した期間の相関係数はマイナス０・86と強い逆相関の関係となった。

　これは「サザエさん」の視聴率が高い時は株価が下落し、逆に視聴率が低い時は株価が上昇する傾向がある、ということである。

　因《ちな》みに、「相関係数はマイナス０・86だ」と言われてもそれがどういうことなのかは直感的には分かり難いかもしれない。そこで試しに２００５年１月から１カ月間のＮＹ

株とＴＯＰＩＸの相関係数を取ってみたところ０・58となった。この場合、マイナスではないからＮＹ株が上昇すれば翌日の東京市場もあがるという傾向があることになる。このことはすでに常識であろう。アメリカが風邪をひけば日本はくしゃみをする。だからこそ、多くの経済ニュースでは両者を同時に紹介しているのである。

　ここでは細かい数学的な説明は省くが、「サザエさん」の視聴率とＴＯＰＩＸの相関係数がマイナスということは、一方が上がれば一方が下がるという関係であり、さらにその絶対値（この場合は０・86）が大きいということは、関係が深いということを示している。相関係数はマイナス１からプラス１の間で動く数字で、絶対値が１（プラス１かマイナス１）であれば、２つの指標は完全に連動する。０・86はかなりの確率で連動することを表しており、ＮＹ株との関連（０・58）よりも関係が強い。したがって、「サザエさん」の視聴率はＮＹ株以上にＴＯＰＩＸと強い連動性を持っているという結果になったのである。

　この関係の深さは一体どこに起因しているのであろうか。もちろん、サザエさん症候群がひとつの説明にはなるだろう。憂鬱な気分の人が多いよりは、陽気な気分の人が多いほうが経済が活性化するのは間違いない。暗い気分になると家に引きこもってしまう人も少なくないだろう。外で美味しい物を食べて素敵な服を買おうという気分になれないと、個人の消費に繋がらない。ただ、「サザエさん」を見るから症候群になる訳ではなく、そもそも会社に行きたくない人にとって「サザエさん」はキッカケに過ぎない。「サザエさん」と株価の強い相関関係は、この仮説だけでは完全に説明することは無理だろう。

実を言うと、その答えは調査をする時点で筆者の頭の中にあった。筆者が「サザエさん」の視聴率をたまたま取ったのは前述の理由に加えて、日曜の夕方の在宅率と株価の関係を見たかったからである。そもそも日曜日に「サザエさん」を見ているということは、自宅にいるということである。

日曜に出掛けず、夕食時に何の気無しにテレビをつけると「サザエさん」が始まる。「サザエさん」の視聴率は在宅率そのものを表すと考えたのだ。休日に外出せず家でのんびりするのは良いことかもしれない。しかし景気には良いとは言えない。外食などで積極的に消費をすることが好景気に繋がるのだ。

ところで勝手に推理を進めてみると、そもそも磯野家のライフスタイルそのものがあまり景気に良い影響を与えないものではないか、という気もする。その生活は極めて質素で、彼らにはバブルもその崩壊もまったく関係がない。ブランド物を身につけているわけでもないし、家の中にはパソコンすら見当たらない。携帯電話をかけているというイメージもない。子供たちは百貨店に行くだけで喜んでいるというレベルなのである。

磯野家には申し訳ないが、幸い、２００４年９月26日以降26週間、平均視聴率は低水準にある（ＴＯＰＩＸのグラフは逆目盛りなので高水準）。これが株式市場にとっては好材料であるというのは、単純過ぎる見方とは言え、１つの傾向としては認識しておくべきであろう。

コラム①　相関係数

本書では社会の様々な事象と景気との関係を検証しています。株価は景気を映す鏡と言われますが、最も代表的な株価指数の1つがTOPIX（東証株価指数）です。これは東京証券取引所が算出、公表しているもので、東京証券取引所第1部に上場されている全ての銘柄の動きを反映しています。日本の上場企業全体の株式時価総額のうち、東証1部上場企業が9割以上を占めていますから、TOPIXはほぼ日本の株式資産価値全体の変化を表していると言えます。

ＴＯＰＩＸと並ぶ代表的な株価指数が「日経平均株価」。こちらは日本経済新聞社が公表している指標で、東証1部上場企業の中から225銘柄を選び出して算出したものです。ただ、私企業である日経が銘柄を選んでいる点に加え、近年では上場企業の持ち株会社化や合併が進んで銘柄の入れ替えが頻繁に行われるようになっており、「指数としての連続性に疑問がある」との声も一部ではあるようです。

さて今回は「サザエさん」の視聴率と株価の関係を取り上げました。このように株価の先行きを予想する場合に、関係がある情報の動きに注目することは専門家の間でも一般によく行われることです。ただし単に理屈で関係がありそうだ、と思っても、本当に関係があるかどうかについてはデータを確かめてみる必要があります。

その最も簡単な方法は、まず2つのグラフを並べて見ることです。関係があるなら、グラフは連動して推移しているはずです。そして、次のステップが、統計学的な処理に移って相関係数を求めることです。

相関係数とは2つの値の間の関係（厳密に言うと一次式的な関係）を示す値です。マイナス1から1の間の値をとり、1に近いときは正の相関がある、マイナス1に近ければ負の相関があると言い、0に近いときはもとのデータ列の相関は弱いと言います。

もう少し、分かり易く言うと、1に近ければ、株価と動きが連動している。つまり、ある指数が上昇すれば株価も上昇するという関係が強く、逆にマイナス1に近いと、ある指数が下落すれば株価が上昇するという傾向が強いのです。

「サザエさん」の視聴率は後者に該当します。相関係数の水準を実感としてとらえると、図1－2の様になります。数値の解釈にはある種の慣れが必要なので、最初はこの程度に捉えておいて問題はないでしょう。因みに、我が国で景気の代表的な指標として使われる鉱工業生産指数と日経平均の相関係数は、0・85（2003年1月～2005年6月の月次データから算出）となります。これは図の「強い相関がある」に当たります。また、TOPIX対日経平均の場合、0・99（2003年1月～2005年6月の月次データから算出）となり、これは両者がほぼ同じ方向に動く事を示しています。日本を代表する株価指数どうしなので相関関係が強いのは当たり前ですが、相関係数を出すことで確認できた訳です。ところで相関係数

相関係数の範囲	関係の有無
1　～　0.7	強い相関がある
0.7　～　0.4	かなり相関がある
0.4　～　0.2	やや相関がある
0.2　～　0	ほとんど無関係
0　～　-0.2	ほとんど無関係
-0.2　～　-0.4	やや逆相関がある
-0.4　～　-0.7	かなり逆相関がある
-0.7　～　-1	強い逆相関がある

（出所）石村貞夫『すぐわかる統計解析』

図1-2　相関係数のとらえ方の目安

を利用する上では幾つかの注意点があります。その1つに、幾ら相関係数が高くても、その背後に因果関係がない場合には、株価の予想に応用すべきではないと考えることです。因果関係の結果が相関係数として表れてくるものが重要なのです。偶然、ある期間は動きが似てしまい、相関係数が高くても、株価との繋がりが考えられなければ、見せ掛けの相関に過ぎないので、その後、相関が低くなるかもしれません。相関が高い場合には、その背後にある根拠を探ることが、重要なポイントとなるのです。

第2話　インフルエンザと花粉症

インフルエンザと株価

毎年冬になると、どういうタイプのインフルエンザが流行するのかが注目される。２００４年11月26日付の朝日新聞朝刊では衝撃的な情報が発表された。同報道によると、世界保健機関（ＷＨＯ）でインフルエンザ対策を担当するクラウス・シュトール博士がバンコクで記者会見し、近くインフルエンザの新たな大流行が起こる恐れがあり、何と最大で世界人口の３割が発病する可能性があると警告した。原因となるインフルエンザの型について、同博士は「タイやベトナムで32人が死亡したＨ５Ｎ１型鳥インフルエンザになる可能性が高い」と話した、という。

前年の２００３年は、重症急性呼吸器症候群（以下、ＳＡＲＳ）への不安からインフルエンザの予防接種希望者が急増し、ワクチンの在庫不足が社会問題にまでなった。

インフルエンザが実際に猛威をふるうのは例年、年明けである。インフルエンザはウイルスの感染によって引き起こされるため、寒さは直接の原因ではない。しかし、患者発生のピークは、毎年、気温が一番低い1月下旬から2月上旬の約1カ月に集中する。

ところでインフルエンザと株価、これらは一見すると全く関係なさそうなものである。しかし実は、この2つには強い結びつきがあるのだ。ここでやや学問的な話をするが、少しお付き合いいただきたい。

インフルエンザと株価に関係があるとすれば、それを説明できるのは「行動ファイナンス」理論だろう。行動ファイナンス理論は近年注目されている新しい学問である。これまでのファイナンス理論と比べて簡単にご説明すると次のようなものである。

従来のファイナンス理論では、投資家は合理的な意思決定のみをすると考えていた。しかし人間の選択は、本当に合理的なものばかりだろうか？　仕事が遅れた報告をビクビクしながらしたのに、上司には意外に怒られなかったことで拍子抜けした、などという経験が読者にも少なからずあるだろう。

なぜ上司は怒らなかったのか。理屈で考えれば様々な理由が思い浮かぶ。たとえば上司には我々にはわからない深謀遠慮があるのかもしれない。それとも、もう自分をリストラするつもりなのかもしれない。

いくらでも、それなりの理由が考えられる。しかし実は真相はなんてことはなかったりする。往々にして単にその時上司の気分が良かっただけ、というものだったりするのである。

お金の使い方という経済活動においても心理的な要素はかなり大きい。もちろんそれは単純なものではない。情が深いと思っていた人がお金には妙にシビアな場合もあるわけで、性格と金銭感覚の関係は一概には言えない。しかし、気分が良い時には財布の紐が緩くなるというのは誰にでも覚えがあることだろう。また逆にストレス解消で美味しいものを食べたり、大量の買い物をしたりする場合もある。

人間の行動は常に合理的なものとは限らないのである。通常の推理小説であれば、殺人の動機は「金」「怨恨」などの合理的なものでないと読者はなかなか納得してくれない。しかし、「太陽が黄色かったから」という程度の動機で人を殺す人がいる。「行動ファイナンス」では後者の動機も考慮しようということである。

つまり人間の選択は気分によって大いに左右されるのだ。こうした人間の心情を積極的に取り込んでモデル化するものが「行動ファイナンス」の理論である。

　我が国の行動ファイナンス分野の第一人者でもある神戸大学の加藤英明氏と岡山大学の高橋大志氏は、人間の気分を左右する重要なファクターとして天気を取り上げ、天気と株価の関係を分析した。「天気が良い↓投資家の気分が良い↓投資に積極的↓株価が上昇」という仮説を検証したものである。その結果、過去40年間の日経平均と東京の雲の量の間には統計的に有意な関連があることが示された。具体的には「日経平均では、晴れの日の日次平均収益率は０・０８７％で、雲の量が60％以上の日のそれは、マイナス０・０１８％となっており、この差は統計的に１％水準で有意であった」と報告されている。この「晴天効果」は米国でも報告されている。米マサチューセッツ大学のサンダースは、１９２３年にニューヨークの天気とニューヨーク市場の株価との関係が有意であることを報告した。

流行年	名称	流行時期	原発地
1957 - 58	アジア風邪	冬／春	中国
1968 - 69	香港風邪	夏	中国
1977 - 78	ソ連風邪	夏	中国／ロシア

図2-1　過去の世界的なインフルエンザの流行

　天気同様、体調は人の気分を大きく左右する。そこで本項では投資家の気分を決めるファクターとしてインフルエンザを取り上げ、株価との関係を調べた。インフルエンザに感染して体調が悪くなると気分が暗くなり、投資に影響を与える可能性があると考え

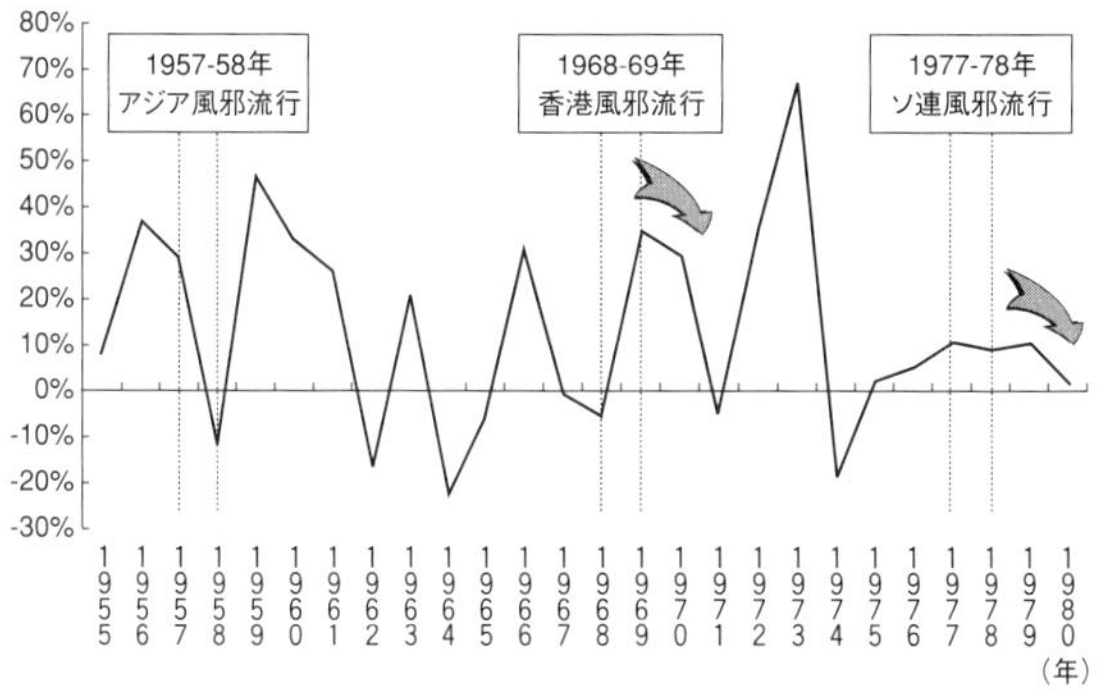

図2-2　過去の世界的なインフルエンザの流行とTOPIX（対前年度）騰落率

たからである。つまり、インフルエンザの流行局面では株価は下落するとの仮説を立てた。

まず、手始めに過去のインフルエンザの流行と、その年の株価の傾向がどうであったかを調べてみた。インフルエンザ情報サービスによると、東証が設立された１９４９年以降で世界的にインフルエンザが流行したのは３回である（図２－１）。

そこで、インフルエンザの流行と株式市場全体の動きを比較するため、ＴＯＰＩＸの対前年度騰落率を調べてみた（図２－２）。単純にインフルエンザの流行と合わせて見た結果、３回中２回はインフルエンザが流行した局面で株価は下降していない。

熱が出ようと咳が出ようと株式市場には影響がないのか、むしろ熱に浮かされて投機に走ったのだろうか。そんな馬鹿なこともないだろう。

そこで、下がらなかった二局面における外部環境の背景をもう少し詳しく見てみよう。香港風邪が流行した１９６８〜１９６９年は、好景気や企業業績が好調などの理由から上昇基調にあり、株式市場は１９６８年９月に７年２カ月ぶりに最高値を更新した。

一方、ソ連風邪が流行した１９７７〜１９７８年は円高と企業収益の悪化に見舞われ株式市場は乱高下したものの、公定歩合の引き下げや減税などの実施から株価は底堅く推移した。

株価にインパクトを与える要因は数多くあるため、当然のことながら単純に、インフルエンザが流行《はや》れば株価が下落するとは言い切れないようだ。

しかし更に細かい分析を行うと、インフルエンザと株価の強い関係が見えてくる。

インフルエンザと一口に言っても、様々な種類のインフルエンザウイルスがある。Ａ／Ｈ１Ｎ１（ソ連）型ウイルスとＡ／Ｈ３Ｎ２（香港）型ウイルス、及びＢ型ウイルスの３種類が中心であるが、爆発的な大流行を引き起こすのはＡ型と見られている。

そこで、感染症情報センターが公表するインフルエンザウイルス分離報告数を基に、Ａ型（Ｈ１、Ｈ３、Ｈ未同定）の合計報告数とＴＯＰＩＸの相関関係を調べた。

１９９０〜２００３年のインフルエンザ報告数（Ａ型合計数）とＴＯＰＩＸを図２－

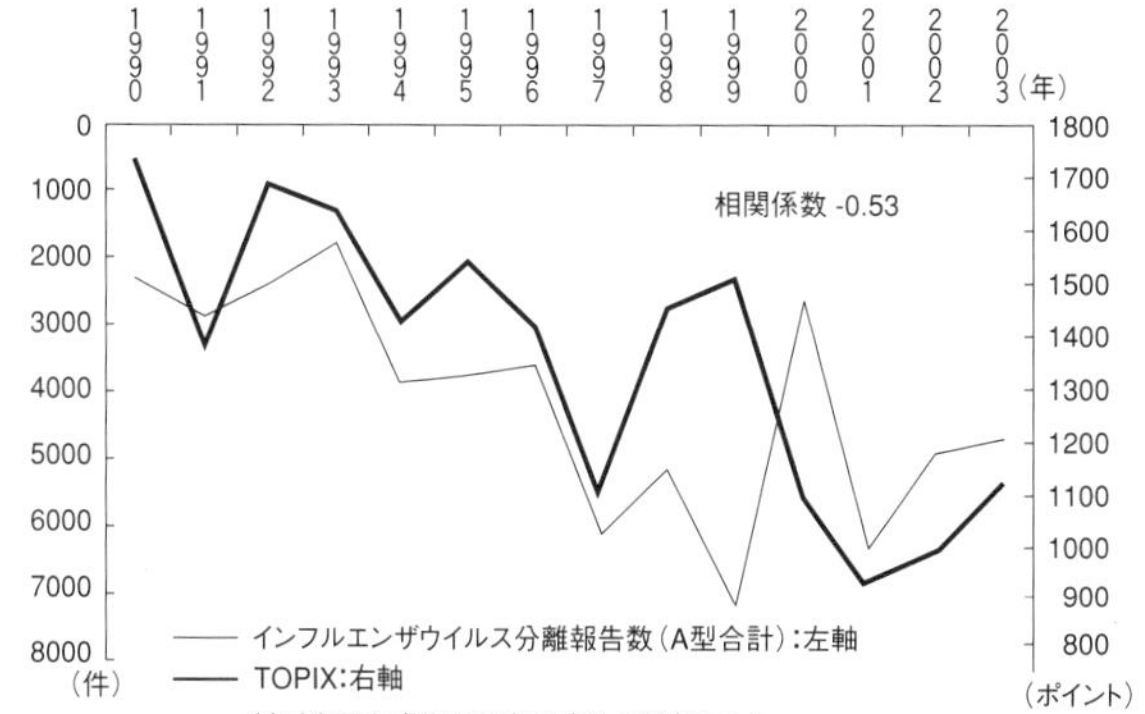

(参考)国立感染症研究所感染症情報センター
※インフルエンザウイルス分離報告数は各シーズン9月〜翌年8月の値

図2-3　インフルエンザ報告数と株価の相関①

3で見ると、連動したトレンドが見られる（インフルエンザ報告数は、関係が見やすいように軸を反転させている）。因みに相関係数は約マイナス０・53となり、比較的強い逆相関の関係にあることが分かった。つまり、インフルエンザの報告数が増える場面では株価は下落する傾向が強く見られるということである。

　引き続き、分析を進める。冬にかかったインフルエンザを夏まで引きずる人は少数だと思われる。インフルエンザの流行は毎年１月に集中するため、特にこの時期の株価との関係を意識すべきであろう。

　そこで、１９９０年以降の年初から１カ月間のＴＯＰＩＸの騰落率とインフルエンザの報告数の関係を見た。相関係数で捉えるとマイナス

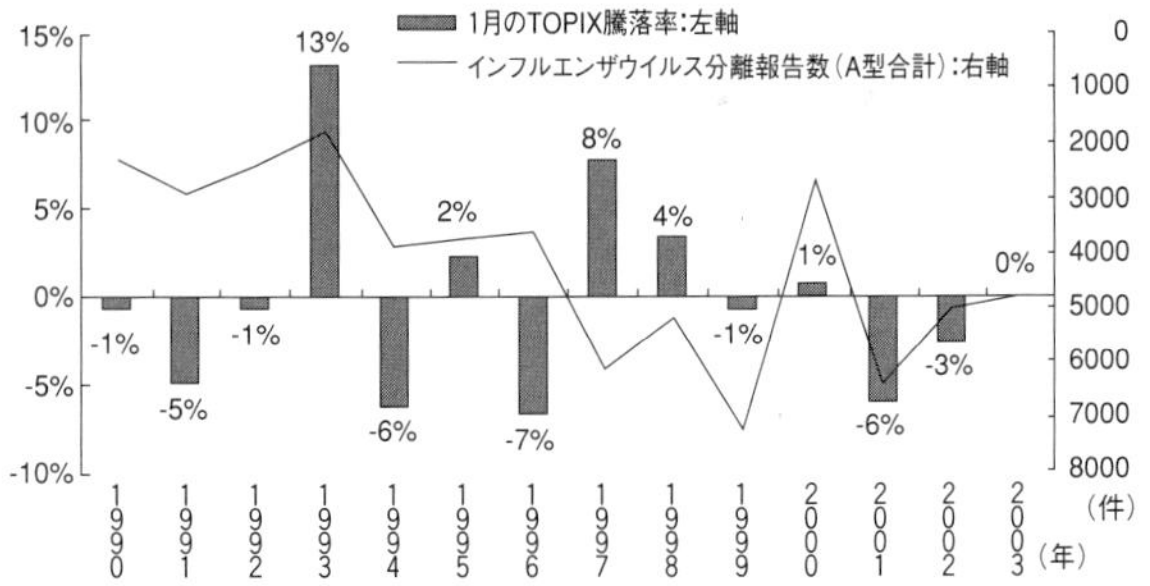

（参考）国立感染症研究所感染症情報センター
※インフルエンザウイルス分離報告数は各シーズン9月～翌年8月の値

図2-4　インフルエンザ報告数と株価の相関②

０・14だから高いとは言い切れない。しかし図２―４を見ればわかる様に、インフルエンザ報告数と１月のＴＯＰＩＸの騰落率はある程度連動した傾向が見られたことは注目できる。やはりインフルエンザの流行が投資家心理に影響を与えて株安となる繋がりを示唆しているようだ。

　ところで、感染・流行という同様の不安材料で社会問題を引き起こしたＳＡＲＳの場合は、株価にどのような影響を与えたのだろうか。

　ＳＡＲＳは広東省を発端に２００２年11月から翌年７月まで中国で大流行した。その流行の間の株式市場は、実際に２００２年度末にかけて相次いでバブル後最安値を下回り、２００３年３月の日経平均は21年ぶりに８０００円割れとなるなど下落基調を強めた。しかし、終息のニュースが広まった２００

３年６月中旬には半年振りに９０００円台を回復した。このことから、ＳＡＲＳ流行と終息のニュースが投資家心理に少なからず影響を及ぼしたといえるだろう。

花粉症の苦しみ

インフルエンザから無事逃れた我々を、次に待ち受けるのは花粉症である。スギ花粉の量が時候の挨拶となってから久しい。今や日本人の10人に１人は花粉症とまで言われる。筆者の周りには花粉症に苦しむ人が多いので、この数値は意外に少ないようにも思う。

花粉症を起こしやすくする原因は花粉の飛散量に加えて、大気汚染が関係するとされている。更に、ストレスの増加も花粉症の原因に挙げられる。ストレスにより自律神経のバランスが崩れると、アレルギーが発症しやすくなるからだ。従って、自動車の排気ガスが多く、空気が汚いうえ、人混みでストレスを受け易い都市部では花粉症に悩む人は多くなるのだ。

実際に東京都が１９９６年度に行った花粉症患者実態調査では、都内では５人に１人程度が花粉症患者と報告された。全国平均の２倍ということになる。

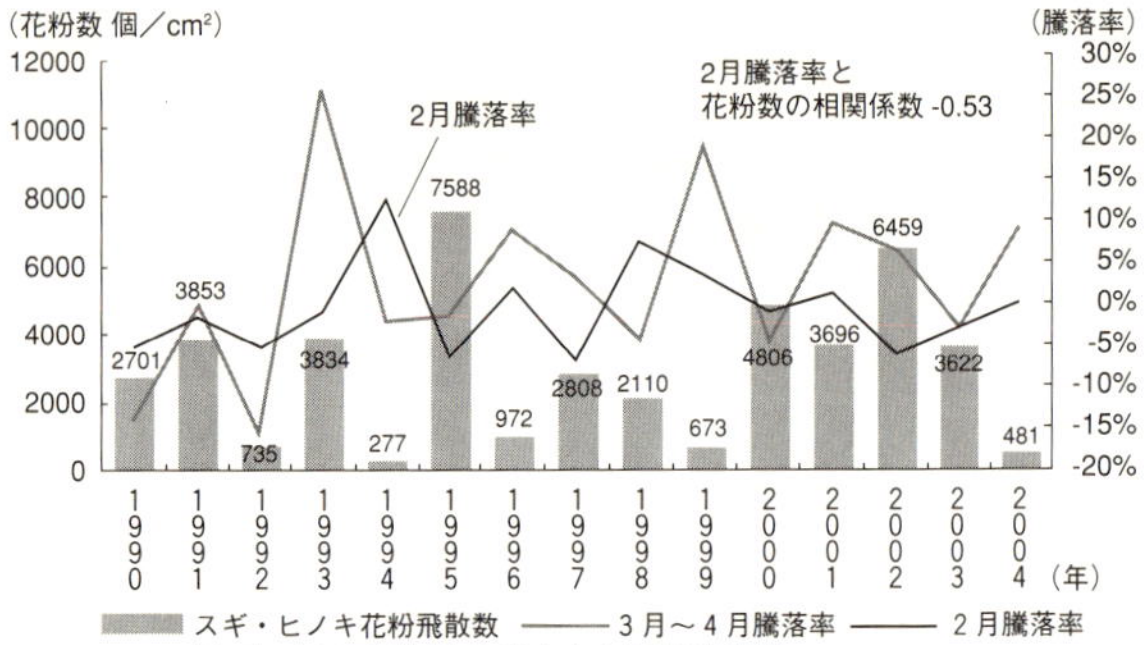

（出所）東京都福祉保健局健康安全室環境保健課
シーズンのスギ・ヒノキ合計花粉数を基に大和総研作成

図2-5　東京都千代田区のスギ・ヒノキ花粉飛散数とTOPIX騰落率

そこで実際に花粉症と株価の関係を調べた。ところが花粉症患者の統計は取得できない。いちいち病院にかかる人はごく少数で、多くの人はマスクやメガネなどで自己防衛をしているからである。

そこで花粉症と連動する花粉の飛散数と株価の関係を分析した。花粉のデータは東京都千代田区で計測された飛散数を用いた（東京都福祉保健局調べによる）。千代田区の統計を用いた理由は、東京の中心であり、日本の中心と考えたからである。

また、花粉の飛散時期は2月上旬からで、実際に花粉が増え始めるのは2月末であり、その頃から花粉症患者が急増して、3月にピークを迎え、4月頃に終息する。

そこで花粉症のシーズンが始まる2月のTOPIX騰落率と花粉飛散数の関係を捉えると（図

2－5)、1990年以降の15年間の相関係数はマイナス0・53と比較的マイナスが大きかった。花粉症が増える年の2月の株価は悪いことを示している。

しかし、花粉症と株価の関係は2月のみで、それ以降は殆ど相関がない。3～4月の2カ月間の騰落率との相関係数はマイナス0・003だからほとんど0に近い。つまり何の関係も無いということである。逆に言えば2月の相関係数は立派なもの、といえるかもしれない。

従って、花粉症が株式市場にネガティブに関係するのは2月のみと考えられる。花粉症が始まる時期は花粉症患者は憂鬱な気分でいっぱいとなるが、1カ月も過ぎると、その感覚も慢性化してしまい、投資家の心理としてマイナスには働かなくなるのだろう。

幸い、花粉の飛散数に関してはかなり正確な情報が早めにわかるようになっている。猛暑の翌年には花粉が大量に飛散する傾向にある。汗を拭きながら2月の市場に思いを馳せるのもよいのではないだろうか。

コラム② 行動ファイナンス

「相場は、人間の心理的要素によって大きく左右される」。この経験則を科学的に解明しようとしたのが行動ファイナンスです。2002年には、行動ファイナンスの代表的研究者であるダニエル・カーネマンがノーベル経済学賞を受賞、日本でもここ数年、さかんに研究されるようになってきました。行動ファイナンスの成果として一番よく引用されるのが、「同じ額でも、儲けた時の喜びよりも、損した時の心理的ダメージの方が大きい」という理論です。投資した100万円が105万円になった時の喜びよりも、100万円が95万円になった時の悲しみの方が大きい、というわけです。

保有株が上昇して利益が出ると確定したくなり、直ぐに売ってしまうのはこの心理によるものです。一方で、値下がりすると損を確定したくないため、保有し続けてしまいます。売らなければ損していない等と自分に言い聞かせてしまいます。これが塩漬け株と言われるものです。

歴史上、最も成功した投資家とも言われ、マイクロソフトのビル・ゲイツに次ぐ全米第2の大金持ちともなっている有名なウォーレン・バフェットは、保有株が上昇してもなかなか売らず、自分の株式に対する見方を信じて含み益を作ったことが、投資の成功要因の1つとして知られています。

値下がって売らないのは真実と向き合わずに自分を偽る行為で、値上がっても直ぐ売らないのは、自分を信じる行為です。自分の投資方針に自信を持って、他人とは違った投資方法を取ることに、大きな利益を得るチャンスがあるのです。

第3話　景気を引っ張るイヌ

空前のペットブーム

１９８０年代半ばから、わが国では空前のペットブームが沸き起こっていると言われている。いや、仮にその頃から始まった流れにせよ既に20年以上も継続しているのだから、もはやブームとは言えないのかもしれない。

内閣府政府広報室が行った「動物愛護に関する世論調査」によれば、１９８３年５月調査でのペット飼育率（国民全体のうちペットを飼育している人の割合）は34・０％だった。これが２００３年７月には36・６％に上昇している。これは国民のうち２・７人に１人がペットを飼っていることになるわけで、なるほどブームという言葉だけでは片付けられない傾向である。

さて一口にペットといっても種類は様々である。イヌ、ネコ、鳥、熱帯魚など一般的なものもあれば、ワニやイグアナなどの、逃げだすと三面記事で扱われるようなものまで、近年は非常にバラエティに富んでいる。

ある年代以上の方ならば「シーモンキー」などというペットをご記憶かもしれない。少年向けのマンガ雑誌の通信販売の広告には必ずといっていいほど掲載されていた謎の微生物である。大抵、アメコミタッチのイラストで、人魚とも猿とも判別しがたい生き物が水中で愉快に生活している様子が描かれていた。それを期待して取り寄せると、当然のことながらそんな面白い外見ではなく、何とも形容しがたいプランクトンのようなものだったのである。それでもこのシーモンキー、いまでも販売されていて、愛好家は世界中にいるようだ。余談であるが、「産みの親」であるハロルド氏は２００３年に亡くなった。しかし国内唯一の本家シーモンキー販売サイト（シーモンキージャパン／株式会社アイビーネットのウェブサイト）を見ると、シーモンキーの育て方が丁寧に書かれていたり、最近のマスコミでの登場が載っていたりするので今でも根強い人気があることが推察される。

本題に戻ろう。内閣府は前述の調査で、ペットの種類についても調べている。残念な

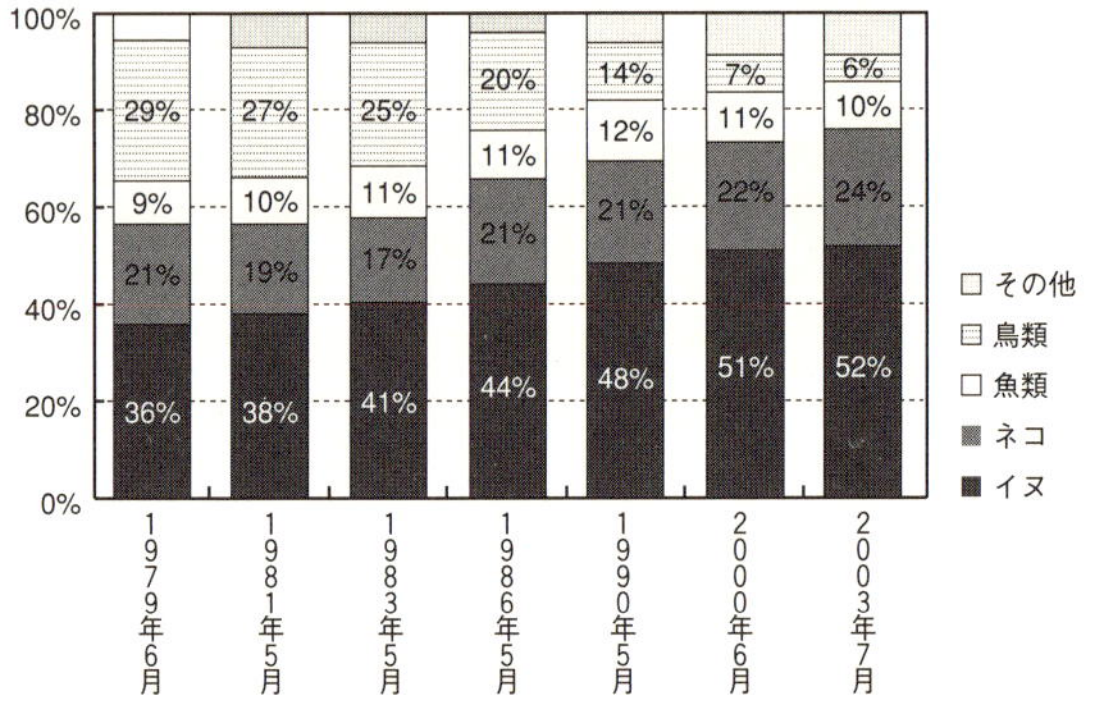

（注）ペットを「飼っている」と答えた者に対して、複数回答
（出所）内閣府政府広報室の世論調査を基に大和総研作成

図3-1　飼育しているペットの種類の変遷

がらシーモンキーは視野に入っていない。ごく一般的な分類である。

その調査結果が図3−1である。鳥類の凋落と、イヌの増加が目立つ。また、イヌが一貫してトップなのがわかる。直近の同調査報告では全体の52%を占めるまでになった。他のペット愛好家諸氏には異論もあろうが、現代を代表するペットはやはりイヌということになる。そこで以下、イヌについて論を進めることにしよう。

人はなぜイヌを飼うのか

ここで根本的なことを考えてみる。なぜイヌをペットとする人が増え続けているのか。かつてはイヌを番犬として飼うケースも多かったように思う。

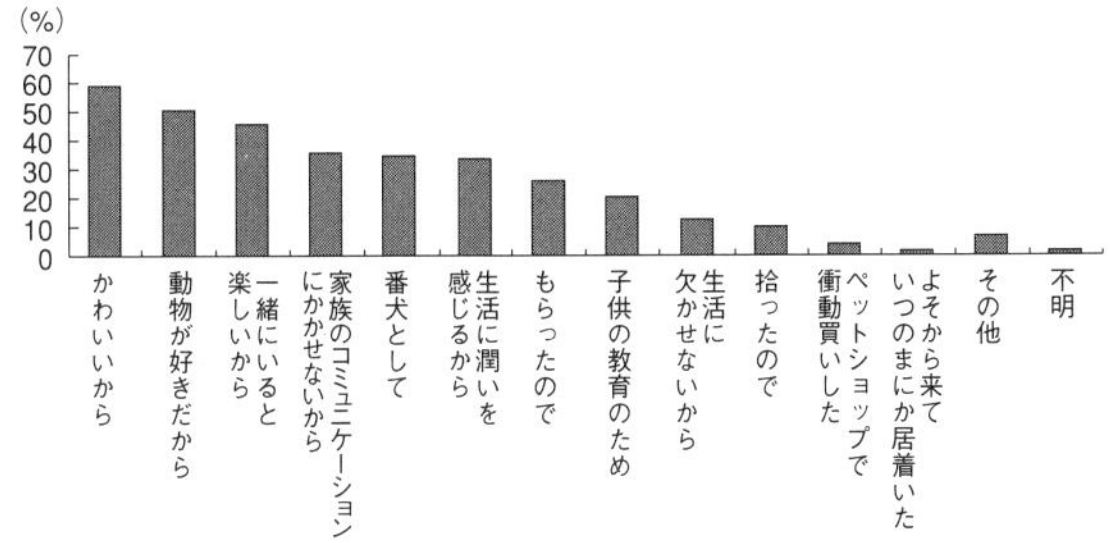

（出所）ペットフード工業会の資料を基に大和総研作成

図3-2　イヌの飼育理由

しかしペットフードメーカー56社で組織するペットフード工業会（正会員29社：当時）が２００３年10月に実施したアンケート調査（図３－２）では、イヌを飼う理由で、「番犬として」は5位となっている。飼う理由のトップは「かわいいから」というシンプルなものであった。

もちろん、実際に飼うのは大変である。費用もかかるし、旅行などにも行きづらくなる。愛らしいチワワの「くぅーちゃん」を見て「飼いたい」と思うのは消費者金融のお客さんだけではないが、こうした現実的な問題を考えると、「かわいい」だけではなかなか決断できない。

そこで実際に飼うまでには他の理由も重要になってくる。アンケートの２位「動物が好きだから」と、３位「一緒にいると楽しいから」は、「かわいいから」の変形のように思える。多少趣きの異なる理由としては4位「家族のコミュニケーションにかかせないから」の割合が比較的高かった。こうしたコミュニケーション不足の解消ツールとしての役割は今後も高まると思われる。

しかし、これだけでは「なぜイヌか」という問いの答えにはならない。ネコでもいいではないか。ところが実際にはネコは24%（２００3年7月時点）と、イヌの半分にも満たない。１９７９年以降、イヌが36%から１・44倍の52%と躍進しているのに比べて、ほぼ一定の20%前後である。

ネコにやる気がないわけではない。この原因はもちろん、人間の側にある。

日本でネコがペットとして飼われ始めるのは、枕草子や源氏物語に登場する平安時代とされる。古くは経典などをネズミの害から守るために中国から輸入されたが、農家にとってネコは蓄えられた穀物や織物用の蚕を喰うネズミを駆除する存在として親しまれ、富のシンボルとして扱われていた。他にネコのイメージとしては「知性」「スマート」「気まぐれ」「自己中心的」といったところだろう。

一方、イヌには「人間最良の友」という「忠実」のイメージがある。その反面、「犬死」「犬侍」といった言葉にも使われ、「つまらない」ものという印象もある。華やかなミュージカル「キャッツ」が「ドッグ」では締まらない。アカデミー賞女優ハル・ベリーの主演映画も「キャットウーマン」だからお色気が漂うわけで「ドッグウーマン」では垢抜けない。そのかわり、友情や忠誠を描いたドラマチックな作品ではイヌが圧勝である。「南極物語」「ハチ公物語」「１０１匹わんちゃん大行進」「名犬ラッシー」「フランダースの犬」等々。

こうしたイメージの差が、どちらを飼うかという際の選択に影響を与えてきたのではないだろうか。富や知性の象徴を家に置いておきたければネコを飼えばいい。

それでは近年のイヌ躍進をどう考えるべきか。「かわいい」イヌの代表格は、ミニチュアダックスフント、チワワ、プードルなどの小型犬である。彼らに番犬的な役割は期待できないわけで、やはり愛くるしさや癒しを求める層が飼っていると考えていいだろう。というわけで、近年のイヌブームは、「癒し」への欲求が大きな要因であると仮定できる。確かにネコからも癒されるが、気まぐれなネコより、忠実なイヌの方が飼い主は安堵感を得られるのではないだろうか。

ここからようやく、株式市場との関連が見えてくる。読者諸氏の中には「前置きが長い」とお怒りの方もいらっしゃるかもしれないが、ハチ公の苦労を思い辛抱していただきたい。イヌ人気が広がる背景を考えておかないと、分析そのものが空論になりかねないのである。

癒しは余裕の表れ

イヌを飼う人の大きな動機が「癒し」だとする。しかし、イヌを飼うのには、そもそも金銭面、時間面で、ある程度余裕が必要である。東京都生活文化局の調べによれば、イヌ1匹飼うのには、年間平均12万円以上かかるという。時間面でみれば、イヌは散歩をさせなくてはいけないので、その時間が必要になる。いささか矛盾した話だが、イヌで精神的な「癒し」を必要としている人には、それ以外の面では多少の余裕があることが必要なのである。

明日の米に困っている人、育児ノイローゼの人があえてイヌを飼うだろうか。安らぎやリラックスを家で求めるということは、仕事や生活面での充実があるからではないのか。充実感がなければイヌを飼おうという意欲（または余裕）もないのではないか。

こう考えると、1つの仮説が浮かび上がる。イヌが注目されるときは人々の生活にある程度の余裕があり、仕事面は充実している、ただしその精神的な緊張感を和らげるた

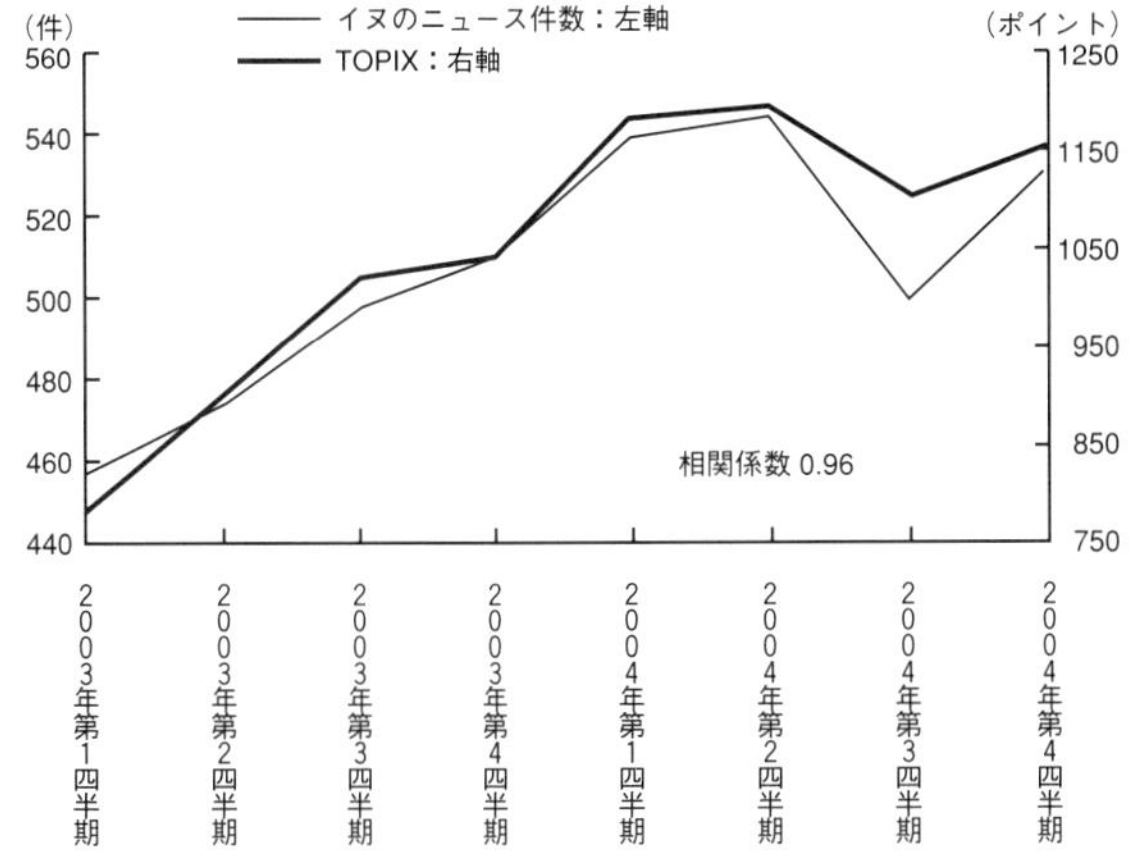

図3-3　2003年第１四半期以降のイヌのニュース件数とTOPIX

めにリラックスの場が必要になっているときではないか。

　こうした状況は社会全体で見ると繁栄の方向にあると言える。ということはイヌに人々の目が向いているときは、景気が上向いているのではないか。もしくは景気が上向いているとき（仕事が充実しているとき）、人はイヌに目を向けたくなるのではないか（家で癒しを求めるのではないか）。

　ここまでの記述を特にネコ派の方は強引だと思われるかもしれないが、このまま検証を続けてみる。まず、「イヌのニュース件数」と株式市場の繋がりを見てみよう。具体的には「犬」「ペット」をキーワードに新聞に取り上げられた記事数をカウントして、その推移と

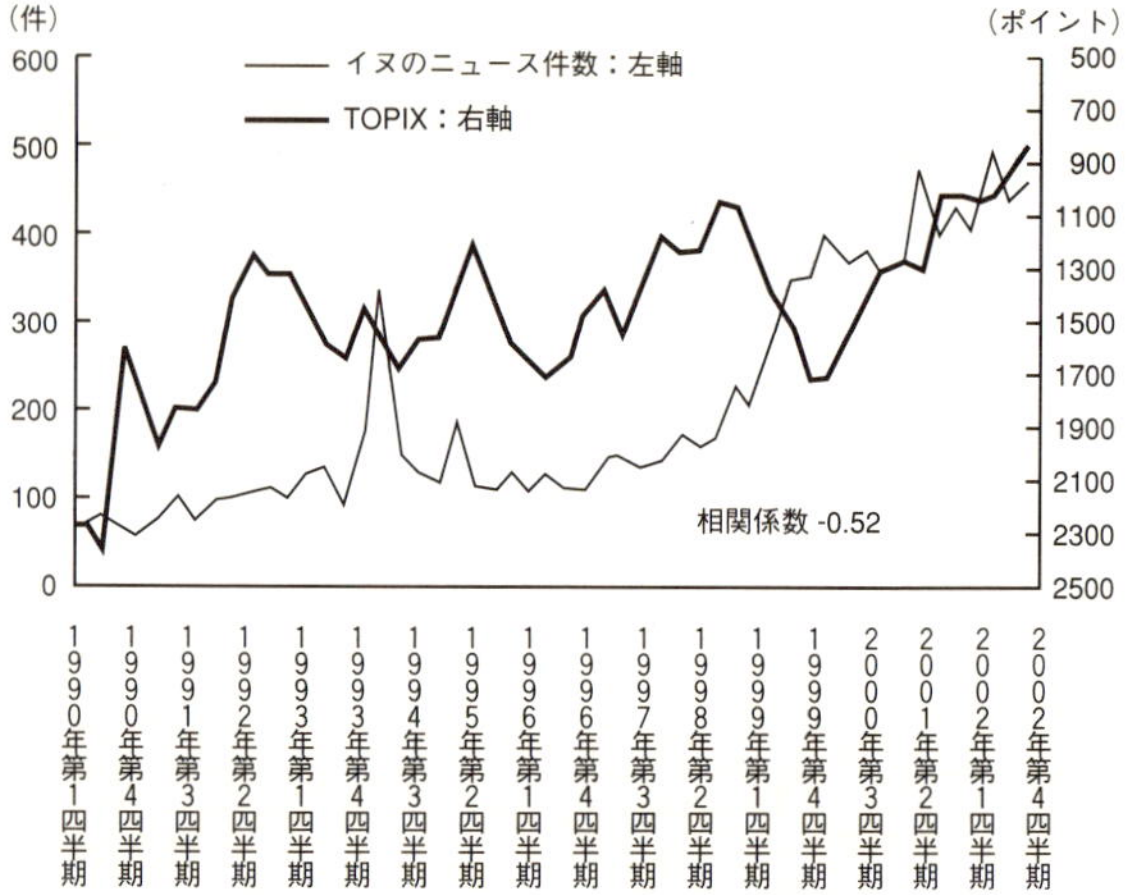

（出所）日経テレコン21で、「犬」「ペット」をキーワードにして検索した結果を基に大和総研作成

図3-4　1990年第1四半期から2002年第4四半期までのイヌのニュース件数とTOPIX

株価の関係を観察した。

図3－3は四半期ベースの掲載記事数の集計と株式市場（TOPIX）の推移との相関係数を取ったもので、2003年以降で見る限り、0・96という非常に高い相関係数が計測された。相関係数が最大の場合、つまり完全に動きが一致する場合が1であることを考えればこの0・96というのは驚異的な数字である。

ただし、実は1990～2002年で同じ調査をすると、マイナス0・52という逆相関となった（図3－4）。つまり以前は、イヌが注目されると株価が下がるという傾向があったことにな

犬用品、犬用サービス

企業名	注目ポイント
日清製粉グループ本社	グループ会社の日清ペットフードがワンニャン川柳コンクール作品を募集。優秀賞には賞金と日清ペットフード商品詰め合わせを贈る。
日本農産工業	犬の食用アレルギーが年々増加していることから、食用アレルギーの発生しにくいペットフード「ドクターズケア・犬用・アミノプロテクトケア」を開発。
ユニ・チャームペットケア	業界大手のペットケア用品メーカー。2004年10月に、ペット用品専業として初の上場。売上高構成比はペットフード部門が65%。プレミアムフードなど新製品の貢献見込む。
大日本住友製薬	犬用慢性心不全改善剤「アピナック錠」(主成分・アラカプリル)を発売。
ライオン	グループ会社のライオン商事が犬用オーラルケアガムを発売。
三菱自動車工業	犬などのペットを連れてドライブするケースに対応するため、ペット向け用品20種類開発、「コルトプラス」に設定。
ベスト電器	暖房の使用などで室内が乾燥するので、風邪やアレルギーの原因となるウイルスやダニ、ほこりを吸収し、加湿や脱臭などの機能的商品を取り揃える。
東武鉄道	グループ会社の東武百貨店が犬など小動物の飼い主を対象に、自宅でのペット葬儀事業を開始。百貨店業界では初めての取り組み。

犬用デジタル関連

企業名	注目ポイント
松下電器産業	ネットワークカメラが防犯以外でも需要が拡大したことを背景に、室内犬などペットの様子見のため、家庭用2機種を発売。
ソニー	犬型ペットロボット「AIBO（アイボ）」に留守番機能を追加して2004年10月から発売。
セガトイズ	音楽で感情を表現する犬型ペットロボット「アイドッグ」を開発。米玩具メーカー大手のハスブロと組み全世界で販売予定。

犬用住宅、旅行

企業名	注目ポイント
大和ハウス工業	犬が出入りできる特殊なドアなどペット対応のリフォームパックや、割れにくい硝子などを開発、販売。
藤田観光	箱根小涌園敷地内に犬専用施設を建設。

図3-5　主なイヌ関連銘柄

る。

　しかし、これは実は仮説を覆すものではない。前述の通り、昔はイヌは余裕や充実につながるものというよりも「実用的」な用途で飼われていたという面があった。フランダースの犬は愛玩犬ではなく、仕事の相棒だったのである。それが最近では特に余裕や充実とイヌとが直結するようになった。

　つまりかつてはイヌが注目されると株価は下落したが、近年は上昇する傾向がある、そう考えて間違いないだろう。市場全体ではなく、イヌ関連の銘柄であれば、これが上昇する可能性が高いのはもちろんである。図３－５にあげたのは、本項の新聞記事などの調査から作成した主なイヌ関連銘柄である。

２００６年は戌年である。最近のキャラクターものの流行を見ても、前述の「くぅーちゃん」以外にも人気者が登場している。ＴＨＥ ＤＯＧシリーズ（魚眼レンズで撮ったイヌの顔のキャラクター）がヒットしているし、キティちゃんで知られるサンリオにもシナモンという人気イヌキャラクターが登場した。イヌと景気が結びついたのは最近だと述べたが、思えば犬公方、綱吉の時代は元禄バブルの最中であった。さらに決定的な人気イヌが登場したとき、景気はさらに回復に向かうはずと考えるのは筆者だけだろうか。

第4話　観覧車と楽天が地域経済を活性化する

都会の観覧車ブーム

近年、街の真ん中で大観覧車が目立つようになった。中でも１９９８年11月に大阪・梅田に作られたＨＥＰ ＦＩＶＥ（ヘップファイブ）観覧車のインパクトは強烈だった。この観覧車の最上部の高さは約１０６メートル。大阪のシンボルの１つでもある通天閣の１００メートルをも上回る。百貨店や飲食店が並ぶ繁華街・梅田に赤い巨大なリングがそびえているのだから、そのビジュアル的なインパクトは相当なものである。

１周15分、１人５００円と価格設定もリーズナブルで、冷暖房完備だというからデートには最適だろう。というか、明らかに最初からそういう需要を狙って建てられたに違いない。この観覧車のキャッチフレーズは「ウメダの空のスウィートルーム」である。

一方、東京でも近年大観覧車の建造が相次いでいる。1999年3月にはお台場に高さ115メートルの大観覧車が建てられた。カラフルなネオン仕様になっているので、夜になると遠方からでもよく見える。

また2003年5月には後楽園のTOKYO DOME CITY内に世界初のセンターレス観覧車「ビッグ・オー」が作られた。センターレスというのは、中心からゴンドラを支えるバーが無いということである。これまでの観覧車が巨大な自転車の車輪だとすれば、「ビッグ・オー」はその名の通り、巨大な「O」の字である。すごいといえばすごい。画期的といえば画期的である。だからと言ってその効用は良く分からないが、確かにビッグ・オーの中心をジェットコースターの「サンダードルフィン」が潜り抜けており、効率的なアトラクションの設計という面での効果は見られるようだ。またビッグ・オーを潜り抜けることで、迫力が増すのかもしれない。

観覧車といえば、従来は遊園地の乗り物の目玉の1つであった。ジェットコースターで絶叫した後に、遊園地や周りの景色を高いところから眺めて、ゆったりとくつろぐものであった。しかし街の大観覧車の果たす役割は変わってきたようだ。独立したアトラクションとなっていて、学校や会社帰り、ショッピングの合間に気軽に立ち寄るところとなっている。

ＴＯＫＹＯ ＤＯＭＥ ＣＩＴＹの観覧車もかつては後楽園ゆうえんちの中にあった。当然、入園料も必要であった。しかし、現在、貴重なセンターレス観覧車を堪能するのに、入園料は必要ない。買い物や食事のついでに、観覧車の代金８００円を支払えば乗ることが出来るのだ。

ちなみに、このビッグ・オーの売りには眺望やセンターレスだけではなく「ビッグ・オーＢＧＭ」というのもある。用意された中から乗客が好みで選曲できるというのである。「盛り上がる曲からムーディな曲までその日の気分でお選び下さい」（ホームページより）というのだから気が利いている、と思いきやそれは早とちりだったようだ。選曲リストを見ると、「闘魂こめて（読売巨人軍球団歌）」「ペッパー警部（ピンク・レディー）」「パラダイス銀河（光ＧＥＮＪＩ）」「君がいるだけで（米米ＣＬＵＢ）」「世界に一つだけの花（ＳＭＡＰ）」「ファインプレーを君と一緒に～ＧＯ！ＧＯ！ジャイアンツ～（五木ひろし ｗｉｔｈ チームジャビッツ21）」等々。巨人を応援したい気分は盛り上がるかもしれないが、なかなかムーディにはなれない曲が揃っているのである。それにいくらラブソングといっても、いまさらデートで米米ＣＬＵＢやＳＭＡＰというのも結構リスキーに思える。

さて、それにしてもなぜ、観覧車は増加してきたのだろうか。遊園地を出て街中に進出してきたのだろうか。

その訳を筆者は2つの点から考える。1つ目は言うまでもなく、ビルが立ち並ぶ大都会の景色を楽しめるからだ。特に15分程度の間、ゆっくりと動くゴンドラから、気軽に様々な角度の夜景を楽しめるからである。山の中の遊園地にも良さはあるが、都会の夜景にはまた独特の魅力がある。

2つ目は健康的にプライベートな空間を楽しめるからである。怪しげなムードのある場所に誘いづらくても「観覧車乗ろうや」ならば言いやすいはずである。

観覧車と活性化

より大きな観点に立てば、大阪や東京に限らず全国各都市でも観覧車の建設が増えていることは、地域経済の活性化に繋がることを睨んでのことと思われる。大観覧車があれば街が目立つ。街が目立てば人が集まるからである。

ということは、観覧車を作っている街には、人を集めよう、目立とう、という「やる気」がある、もしくはそういう巨大なものを作れる「余裕」があるはずだと言えまいか。

それを検証するために、立ててみたのが次の仮説である。

「観覧車のある街、或いは多い街の企業の株価は高いはずだ」

そこで、観覧車のある地域の企業の株価指数を算出して、その推移を観察した。具体的には次の方法をとった。個別企業ごとに登記上本店所在地及び、本社事務所所在地に従って各都道府県に分類した後、所属する地域の株価指数を求めた。ごく大雑把にいえば、TOPIXを地域別に作ったものだと思っていただきたい。つまり名古屋株価指数、北海道株価指数というようなものである（正確にいうと、所属する地域に該当する株式の騰落率を時価総額で加重して指数化を行った、ということになる）。

たとえば、トヨタは登記上本店所在地、本社事務所所在地共に愛知県であるので、愛知県の企業となる。ただし、雪印の場合は登記上の本店は北海道であるが、本社事務所は東京である。このようなケースでは北海道と東京都のそれぞれに該当する企業として考えた。

次に、都道府県別に観覧車の所有数を捉えた（図4－1）。最も観覧車が多いのは北海道の16基である。東京都と兵庫県は観覧車の所有数が共に9基である。観覧車数が5

基未満の都道府県は、所有数が多い県と区別して、まとめることにした。

なお、企業の都道府県所在地は２００４年11月30日現在のものである。観覧車のデータも同様だが、実は観覧車には明確な定義はないため、県別所有数の判断は最終的には筆者の主観に従った。

分析の結果は図４－２の通りである。観覧車の所有数別に11月30日までの１年、３年、５年、10年の地域別の株価指数の平均騰落率を示している。なお、通常はどんなに良い企業でも株式市場全体が下落すると、その影響を受けて下落してしまうケースが多い。そこで市場全体の変動の影響を除くためＴＯＰＩＸと比較して、それを上回る騰落率を年率に直したものを示した。これがプラスということは、全国平均よりもその地域の経済が活性化しているといっていいだろう。

ご覧の通り、１位の北海道は過去１年間で平均６・２％と高い超過騰落率となった。これは、仮に北海道を基盤とした企業の株を買った場合に、平均で年６％以上の上昇となったことを示す。

北海道は、過去３年、５年でもプラスとなり、安定してパフォーマンスが良かった。

順位	観覧車数	都道府県
1	16	北海道
2	9	東京都、兵庫県
4	8	愛知県、福岡県
6	6	群馬県、岡山県
8	5	千葉県、静岡県

図4-1　都道府県別観覧車の所有数上位5位

	1位	2位		4位		6位		8位		8位以上平均	10位以下平均
	北海道	東京都	兵庫県	愛知県	福岡県	群馬県	岡山県	千葉県	静岡県		
企業数（2004年11月末時点）	61	1811	134	233	80	26	25	61	74	2505	1365
過去10年（1994.12-2004.11）	-1.9%	2.2%	-1.6%	6.4%	-0.6%	1.8%	-0.2%	-1.9%	1.9%	1.1%	1.5%
過去５年（1999.12-2004.11）	5.8%	-1.2%	12.7%	11.6%	6.9%	4.3%	-3.2%	5.8%	7.9%	5.7%	4.4%
過去３年（2001.12-2004.11）	3.5%	0.9%	12.1%	7.5%	1.7%	-0.2%	-1.1%	3.5%	7.0%	3.6%	1.8%
過去１年（2003.12-2004.11）	6.2%	-0.4%	16.2%	5.5%	12.3%	9.6%	4.7%	6.2%	5.0%	6.7%	0.5%

*リターンは対TOPIX超過時価総額加重平均リターン
（出所）大和総研

図4-2　地域別対TOPIX平均超過リターン

２位の兵庫県も過去５年以降はＴＯＰＩＸを10％以上も上回るなど、非常に高いパフォーマンスが示された。また、観覧車の所有数の多い上位８位までの都道府県のパフォーマンスを見ると、下位を上回る傾向が強いことも注目される。

当たり前であるが、観覧車が多いから、その地域の企業の評価が高まる訳ではない。しかし地域の活性化が、所属企業にポジティブな影響を与える可能性は否定できない。

街に活気があるから経済が元気なのか、経済が元気だから街が活気付くのか。いずれにせよ観覧車があることは悪いことではなさそうである。

東北楽天ゴールデンイーグルスの誕生

観覧車以外の要素でも地域経済について調査したことがあった。テーマはプロ野球チームのフランチャイズである。すったもんだの結果として、２００４年11月２日に宮城県を本拠地とする「東北楽天ゴールデンイーグルス」のプロ野球新規参入が決定したのはご存知の通りだ。

１９７７年まではロッテオリオンズが仙台を本拠地としていたが、以来27年振りの、東北地方のプロ野球チーム誕生とあって、地元は大変に盛り上がり、「経済効果も期待できる」というのが、新聞、テレビでよく聞いたお決まりのフレーズである。しかし、実際のところどうなのか。もちろん、こうした経済メリットに関しては様々な試算もあるのだろう。ただし、試算の前提等の問題もあり正確なメリットは摑めない。

そこで、比較的最近、本拠地を移した2チームについて調査してみた。１９９０年以降で本拠地が移転した場合の地元企業の株価のパフォーマンスがどうなったか。分析対象は千葉と北海道である。言うまでもなく千葉ロッテマリーンズ（１９９２年移転）と北海道日本ハムファイターズ（２００４年移転）のフランチャイズである。

具体的には２００４年9月29日時点（データ取得の関係上、過去に遡及ができなかったため）に登記上本店所在地・本社事務所所在地のデータが取得可能な上場企業を対象に、球団が移転した前後の地元企業の株式パフォーマンスを比較した。株式相場の平均的な変動の影響を除くため、ＴＯＰＩＸに対して、地元銘柄で株価指数を作成して平均

移転年	千葉ロッテマリーンズ	本拠地	移転前年	移転1年後	移転3年後	移転5年後
1992	移転前	神奈川県	-3.7%	2.8%	8.5%	7.1%
	移転後	千葉県	15.8%	4.4%	3.9%	13.9%

移転年	北海道日本ハムファイターズ	本拠地	移転前年	移転1年後	移転3年後	移転5年後
2004	移転前	東京都	6.5%	2.8%	－	－
	移転後	北海道	-7.8%	7.5%	－	－

＊基準＝移転の前年。2004年は1月～9月までのリターンとした。
＊本拠地に本店又は本社がある企業の時価総額加重平均リターンを求め、対TOPIXで観察した。
（図表では、基準年からの累積で示した）
（出所）大和総研

図4-3　プロ野球球団移転前後の地元企業のパフォーマンス比較

超過騰落率を観察した。

結果は図4－3で示すように、移転後の地元企業の株式パフォーマンスは良い。北海道日本ハムファイターズの場合は特に顕著で、移転前年の北海道企業の平均パフォーマンスはマイナス7・8%であるが、移転後は7・5%とプラスに転じた。一方、千葉ロッテマリーンズのケースでも、千葉県企業のパフォーマンスは移転後も悪くない。

こうした地元企業の株式パフォーマンスが良いことは、球団の移転のみによるとは当然思えない。しかし両チームに対する地元の熱狂的なファンを見ると、地元を愛する姿勢が地元の活性化に少なからず繋がっているだろう。そして地元を発展させようという熱意が、球団誘致の形に表れたと見られ、地元企業のその後の発展に繋がったとも解釈できる。

球団が来た（または誘致した）から活性化したのか、もともと元気があったから球団を呼べたのか。このへんは観覧車

年	日本シリーズ		優勝後の対TOPIX累積リターン		
	優勝チーム	本拠地	3カ月後	6カ月後	12カ月後
1984	広島東洋カープ	広島県	-5.3%	-6.5%	-3.5%
1985	阪神タイガース	兵庫県	0.8%	-5.9%	-19.8%
		大阪府	-0.3%	4.6%	3.4%
1986	西武ライオンズ	埼玉県	-9.9%	-22.8%	-28.7%
1987	西武ライオンズ	埼玉県	-2.7%	4.4%	4.6%
1988	西武ライオンズ	埼玉県	-1.2%	-2.9%	18.1%
1989	読売ジャイアンツ	東京都	-0.7%	-0.3%	1.4%
1990	西武ライオンズ	埼玉県	-7.9%	0.8%	-5.6%
1991	西武ライオンズ	埼玉県	10.4%	3.6%	-4.1%
1992	西武ライオンズ	埼玉県	3.2%	10.3%	17.2%
1993	ヤクルトスワローズ	東京都	3.4%	4.9%	6.3%
1994	読売ジャイアンツ	東京都	-2.1%	-2.8%	1.9%
1995	ヤクルトスワローズ	東京都	-1.5%	-0.3%	-0.4%
1996	オリックスブルーウェーブ	兵庫県	-6.1%	-13.6%	-27.3%
1997	ヤクルトスワローズ	東京都	0.4%	1.3%	1.2%
1998	横浜ベイスターズ	神奈川県	5.3%	9.1%	17.2%
1999	福岡ダイエーホークス	福岡県	-18.9%	-17.7%	-5.8%
2000	読売ジャイアンツ	東京都	0.5%	2.9%	0.9%
2001	ヤクルトスワローズ	東京都	-0.5%	2.1%	-1.1%
2002	読売ジャイアンツ	東京都	0.6%	0.4%	7.7%
2003	福岡ダイエーホークス	福岡県	-0.4%	7.9%	10.5%
平均値			-1.6%	-1.0%	-0.3%

＊基準月は10月として、日本シリーズ優勝チームの本拠地に本店又は本社を置く企業の時価総額加重平均リターンを求め、基準月からの累積リターンで示した。
（出所）大和総研

図4-4　日本シリーズ勝利チームと本拠地企業のパフォーマンス

の場合と同じで、どちらが先かはともかくとして、良いサイクルにあるとだけは言えるだろう。

この調査の際、地元チームが日本シリーズで優勝したら景気は良くなっているのかについても調べてみた（図4－4）。

「V効果」などという表現がよく使われるくらいだから、かなりはっきりとした「経済効果」がありそうだと思われるかもしれない。しかし、傾向はバラついており、平均値で見る限りでは結果は意外にも、マイナスとなってしまった。つまり、「V効果」は認められなかったのである（なお、異論はあろうが、阪神タイガースは大阪・兵庫両府県を地元とした）。

あえて傾向を見出せば「地元密着」を強く打ち出している横浜ベイスターズ、福岡ダイエー（現・ソフトバンク）ホークスの優勝は地元にプラス効果を与えているように思える。もちろん他にも地元密着型のチームはある。しかし両チームは比較的最近、地名を球団名に冠しただけに、まだ「新鮮味」があるのかもしれない。

そういえば、大阪の観覧車もオープン後数年経つと新鮮味が薄れたのか、客の不入りが報じられるようになったようである。

コラム③　地域経済

景気循環の特徴には面白いパターンがあります。まず企業部門が回復すると、それに遅れて家計部門が回復します。企業部門の中でも大企業が回復した後に中小企業に広がっていきます。また、東京の景気が回復すると、それが地方の都市部に広がる傾向があります。地域別の景気動向を見るには内閣府が出す景気ウォッチャー調査の地域別DI（ディフュージョンインデックス）が参考になります。この指数が上昇していれば地域経済が回復していることになります。

一般に株価は景気の先行指数と言われます。一般には半年先行するとも言われたりしますが、これは感覚的な見方のようです。

いずれにせよ株価が先行するということは、景気が回復したという情報をもとに行動するのでは投資のタイミングとしては遅すぎることになってしまうのです。近い将来、回復しそうだという予想に賭けるしかありません。ところが地方の景気が東京と比べて遅行するというのであれば、これを投資に利用する方法が考えられます。内閣府の「地域経済動向」に基づいて、日本を11地域に区分した後、各地域に所在する企業をまとめて株価指数を作ると、面白い結果がみられます。東京都が含まれる南関東の株価指数は景気動向DIに対して3カ月先行する結果となりました。それに対して名古屋を含む東海地区は景気と一致した動きとなります。これは南関東に3カ月遅れることを意味します。これが全てではありませんが、傾向として東京の株が上がったら、3カ月後に名古屋の株が上がるということが統計的な結果から見られたのです。

第５話　優等生企業は市場に愛されるのか

「いい子」はモテるか

成績が良く、生活態度も真面目。目上には礼儀正しく、目下には優しい。町内の早朝清掃にも参加するし、地域のボランティアにも熱心。

学生時代、そんな非の打ち所のない同級生がいたらどうだっただろうか。おそらくそんなに愛されなかったのではないか。生徒会長や学級委員にはなれるだろうが、何となく煙たがられるような気がする。概して人は「いい子」を敬遠するものである。だから「男は〝ちょい不良《ワル》〟がモテる」などと雑誌は書き立てる。

さて、企業の場合はどうか。

近年、企業の社会的責任（ＣＳＲ）への関心が高まっていることはすでに述べたが、本項ではこの点についてもう少し深く考えてみたい。

ＣＳＲは環境、雇用、人権やコンプライアンス等の広い観点から議論されている。ただ、範囲が広く、重要であるだけに、定量的な評価、つまり客観的なデータでの分析が難しい。「どのくらい儲けたか」というのは具体的だが、「どのくらい社会貢献をしているか」というのは「どのくらい真面目な学生か」というのと同じくらい抽象的である。

ここではまず企業の障害者雇用を、企業のＣＳＲにおける労働、或いは社会的方針の基準の１つを示す定量データとして捉えてみたい。具体的には、障害者の法定雇用率の未達成企業（実際には取得されるデータの制約から大幅未達成企業のみ対象となるが）と達成企業とでは、株式市場における評価が違うのかどうかを調べてみた。

当然のことながら、障害者の法定雇用率の未達成企業はＣＳＲの観点からはネガティブな評価となる。投資家サイドで社会的責任投資（Socially Responsible Investment、以下ＳＲＩ）の観点が広がれば、未達成企業の株式市場での評価は低下するため、株式パフォーマンスも市場平均を下回るはずだ。

障害者雇用率とは

現在、わが国では、「障害者の雇用の促進等に関する法律」、いわゆる障害者雇用促進法により、企業などの事業主に障害者の雇用率の下限を定めることで障害者の就労の促進が図られている。図５－１で示したように、この障害者雇用率の下限は現在、民間企業１・８％、特殊法人等２・１％、国・地方公共団体２・１％、都道府県等の教育委員会２・０％（１９９８年７月１日改正）となっている。

民間企業	一般の民間企業 （常用労働者数56人以上規模）	1.8%
	特殊法人等 （常用労働者数48人以上規模）	2.1%
国、地方公共団体	（職員数48人以上規模の機関）	2.1%
都道府県等の教育委員会	（職員数50人以上規模の機関）	2.0%

（注）重度身体障害者又は重度知的障害者については、それぞれその1人の雇用をもって、2人の身体障害者又は知的障害者を雇用しているものとみなされる。また、短時間労働者は原則的に実雇用率にはカウントされず、重度身体障害者又は重度知的障害者については、それぞれ1人の身体障害者又は知的障害者を雇用しているものとみなされる。
（出所）厚生労働省等の資料（http://www.mhlw.go.jp/houdou/2003/01/h0129-4.html）を基に大和総研作成

図5-1　障害者の法定雇用率

　この障害者雇用率の算定対象に、新たに精神障害者を加えることも２００５年に決まった。従来は障害者の法定雇用率の算定対象は、身体障害者手帳を持っている身体障害者（身体障害者福祉法）と、療育手帳を持っている知的障害者（知的障害者福祉法）に限られており、精神障害者は対象となっていなかった。そのため、精神障害者の雇用はほとんど進んでいないといえる。厚生労働省では精神障害者が算定対象に加わることによって、「企業が法定雇用率を達成しやすくなり、算定対象ではないことを理由に精神障害者の採用を断るというケースが減る」としている。法定雇用率は当面の間は据え置かれるが、厚生労働省では将来的な引き上げも視野に入れている。今後、ＣＳＲの観点から企業の障害者雇用率への関心も高まるだろう。

では実際、現在の障害者雇用率はどれくらいの水準なのであろうか。厚生労働省は毎年1回、法定雇用率を守る義務のある常用労働者数56人以上規模の企業から障害者実雇用率の報告を求めて集計しており（「障害者雇用状況報告制度」）、直近の調べによると（２００５年版障害者白書）、国、都道府県、市町村の各機関では法定雇用率（２・１％）を上回ったものの、民間企業では１・46％にとどまり、民間企業の法定雇用率（１・８％）を下回っている。一般の民間企業における未達成企業の割合は57・５％となっている。

このようななか、障害者雇用促進法「障害者雇用納付金制度」では、従業員数が３０１人以上の法定雇用率未達成企業は、法定雇用率の不足人数１人につき月額５万円の「障害者雇用納付金」を納めなければならないとしているが、この納付金さえ払えば済むといった風潮も依然としてあるため、実際には法定雇用率を達成しない企業が多いようだ。これは我が国の企業におけるＣＳＲの考えが未熟であることを示すものであろう。

「障害者を採用しない」企業は得するのか？

こうした現状に業を煮やしたのか、２００３年９月８日に厚生労働省東京労働局は東京都内に本社がある法定障害者雇用率の大幅未達成企業、約９０００社の社名とその実雇用率などの一覧を公開した（開示された企業名は特定非営利活動法人ＤＰＩ日本会議のＨＰで閲覧可能）。

開示情報が３年前である２０００年のものである理由は、情報開示の請求から公表に至るまでの裁決に時間を要するためである。実際、情報公開法が施行された２００１年11月に開示請求を行った市民活動家の例を挙げると、実際の社名公表に至るまで約２年を要している。

情報が開示されることで企業にネガティブな影響が及ぶため、記載された未達成企業のうち１１２社が開示の取り消しを求め、東京労働局長が「未達成企業名を含む一部情報を不開示」とし、さらに請求人が厚労省に不服審査を請求するなど、諮問が続いたためだ。しかし、開示が実際に行われたことは今後、企業に障害者雇用率の上昇を働きかけることにはなるだろう。

具体的には、「2000年度障害者雇用率未達成企業のうち従業員数が1000人以上の企業で、実雇用率が1％以内にとどまっている企業」「従業員数にかかわらず0％になっている企業」のいずれかの基準に該当する企業が開示された。

そこで、上場企業のうち障害者雇用率が大幅に未達成の企業とそれ以外の企業の株式市場における評価を比較するために、株式パフォーマンスを観察した。

具体的には、まず分析の対象とする企業を2000年度末時点の単体ベースで各企業の従業員数を基準に①1000人以上の企業群と、②1000人未満の企業群、の2つに分類して検証を行った。

そして、分析①では、従業員1000人以上の企業群で大幅未達成企業と、それ以外の企業の2つに分類して、それぞれに該当する企業の株式騰落率の平均パフォーマンスを2004年5月までの過去3年間比較した。

一方、分析②として、従業員1000人未満の企業群を実雇用率0％の企業と、それ以外の企業の2つに分類し、該当する企業の株式騰落率の平均パフォーマンスを比較した。

なお、本項で用いたデータでは東京に本社を置く企業のみを対象としているため、東京以外に本社を置く企業は従業員数にかかわらず、大幅未達成企業には含まれていない。

その分析結果は図５－２に示した通りである。リターンは各分析対象企業の株式の騰落率の単純平均をどれだけ上回ったかを示したものである。また、ここでスプレッドリターンとしているのは、「それ以外」の企業の株式騰落率の平均値から「大幅未達成」の平均値を引いたものである。これがプラスになっている場合は、「大幅未達成」の企業が「それ以外」の企業の実績を下回っていることになる。

従業員数1000人以上	リターン		スプレッドリターン
期間	大幅未達成	それ以外	平均値
2001年6月～2002年5月	-0.4%	0.2%	0.6%
2002年6月～2003年5月	-3.5%	2.1%	5.6%
2003年6月～2004年5月	0.1%	-0.1%	-0.2%
全期間平均	-1.3%	0.8%	2.0%
平均企業数	333	558	

従業員数1000人未満	リターン		スプレッドリターン
期間	大幅未達成	それ以外	平均値
2001年6月～2002年5月	-0.7%	0.2%	1.0%
2002年6月～2003年5月	-1.0%	0.3%	1.3%
2003年6月～2004年5月	-7.9%	-2.5%	10.3%
全期間平均	-3.2%	1.0%	4.2%
平均企業数	579	1776	

（出所）特定非営利活動法人DPI日本会議調べを基に大和総研作成
参照HP：http://www.dpi-japan.org/3issues/3-6koyou/list/00.htm

図5-2　障害者雇用状況と株式パフォーマンスの関係

「ちょい不良」も評価されない！

結果を見ると、従業員１０００人以上の企業群についてはほとんどの期間で大幅未達成企業の株式パフォーマンスが低い傾向が見られる。２００４年５月までの１年間は大幅未達成企業の方が若干高いものの、それまでの水準から判断すれば一時的なものと考えられる。一方、従業員１０００人未満の企業群については全期間において大幅未達成企業の方が株式パフォーマンスが低い。こちらも一時的とはいえ、特に２００４年５月までの１年間のスプレッドリターンの水準には注目できる。

この要因としては、単純に障害者雇用が大幅未達成であることのみに拠るものではないだろうが、企業がリストラを推し進め、人員を削減する流れが強まる環境下でも、障害者を受け入れる余裕があるという見方から、これが株式市場からの評価にも影響を与えている可能性があることは否定できないだろう。近年、企業の社会的責任が強く問われるようになる中で、障害者雇用に限らず、こうした傾向が今後も続くか、ないしは一段と強まることさえあり得よう。

少なくともここでいえるのは、市場は「ちょい不良《ワル》な子」よりも「いい子」を評価するということである。

女性の立場

障害者雇用と同列には語れないが、男女雇用機会均等法を持ち出すまでもなく、未だ

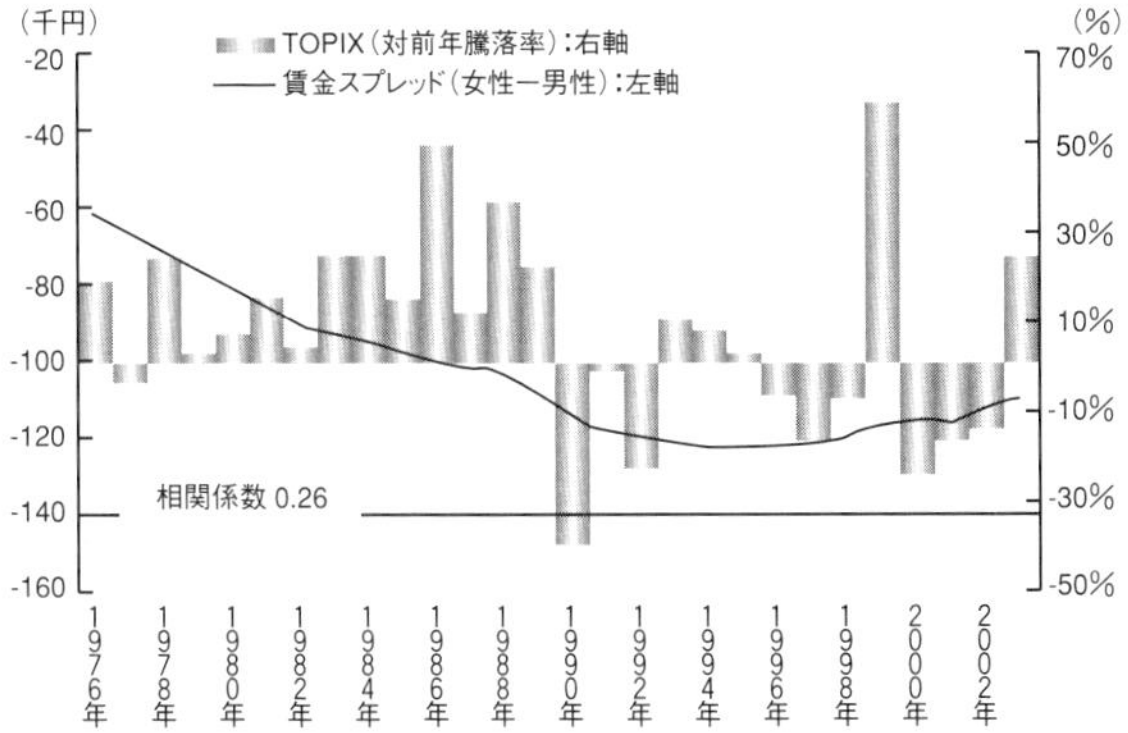

（出所）厚生労働省統計調査別公表データを基に大和総研作成
（ホームページ）賃金構造基本統計調査
http://wwwdbtk.mhlw.go.jp/toukei/kouhyo/data-rou4/jikei/jikeiretsu-3.xls

図5-3　女性と男性の賃金スプレッドとTOPIX騰落率

に男尊女卑がまかり通っている企業は、CSRの面からは評価しづらいということに異論は少ないだろう。またしても学校生活にたとえるならば、「女が口出しするような話じゃねえんだ」という態度は不良っぽくてモテる時期もあるかもしれないが、オトナの社会では不興を買うこと間違いない。

ところで図5―3から興味深い結果が示された。これは、厚生労働省の賃金構造基本統計調査による性別の賃金スプレッドとTOPIXの騰落率の推移の関係を示したものである。賃金スプレッドとは男性社員と女性社員が受け取る賃金の差である。1976年以降の28年間のサンプルで、我が国の労働者、職員を対象とした集計（10人以上の常用労働者を雇用する民営事業所に関する集計は76年以降行われている）から女性の平均賃金と男性の平均賃金のスプレッドをとり（グラフ上でスプレッドはマイナスの傾向）、ＴＯＰＩＸとの相関係数を算出した結果、０・26と、ややプラスの相関関係となっている。

つまり、さほど強い相関関係はないものの、女性の賃金が男性に近づいているときのほうが株価はプラスとなる傾向が見られる。女性の賃金が男性の賃金と比べて伸び幅が大きくなる要因は様々であろうが、基本的には女性の活躍する場が広がっていることを意味していると考えて問題はない。これは健全な成果主義の人事評価の傾向を示すものかもしれない。こうした社会的にポジティブな状況が株価の上昇と関係がある可能性がある。

女性が活躍する企業の業績は良好

図５－３は大まかにいえば女性の活躍が株価パフォーマンスに好影響を与えることを示唆している。同様の結論が経済産業省の男女共同参画研究会（日本女子大学の大沢真知子教授が座長）でも報告されている。こちらはミクロの個別企業ベースで見た場合に、

女性の活躍が企業のパフォーマンスと関係があるという結論である。同研究会は２００３年６月17日に「女性の活躍と企業業績」という報告書を発表した。そのなかでは計量分析を通じて、企業における女性の活躍と企業経営成果の関係、女性が働きやすい環境の整備の効果等について検討を行っている。

興味深い分析結果のポイントとして次の点が指摘できる。労働者に占める女性の比率（以下、女性比率）と経常利益÷総資産で算出した利益率（以下、利益率）の単純な関係を見ると、女性比率が高いほど利益率が高くなる。また、企業の様々な属性を調整した結果からは、女性比率が10ポイントが高いと、業種や規模などのほかの条件が等しければ、利益率がおよそ０・２％高まるという関係が示された。同報告書によれば、米国でも２００２年にヘラースタインらが、アメリカの製造業を対象に示した分析で同様の結論を報告しているという。

表彰企業は評価されている

さて、厚生労働省は女性労働者の能力発揮を促進するための積極的取組み（ポジティブ・アクション）を推進している企業に対し、その取組みをたたえるとともに、これを国民に知らせて、女性労働者の能力発揮の促進を図ることを目的として「均等推進企業表彰制度」を実施している。女性労働者の能力発揮を促進するためのポジティブ・アクションとして、「採用拡大」「職域拡大」「管理職登用」「職場環境・職場風土の改善」のうち、いずれかの取組みを実施している企業を対象とする。

こうした表彰についてはおそらく政府広報や新聞の片隅で報じられていても、通常は殆ど気にする人はいないだろう。しかし、ここまでの話の流れでいけば、こうした表彰対象の企業は市場で評価される可能性が大のはずである。こうした貴重なニュースはチェックしておかなければならない。それを検証してみよう。

図5―4は実際に表彰された企業の一覧である。但し、表彰企業のうち、表彰月（各年6月）末に上場していた企業のみを掲載した。表彰の種類は厚生労働大臣賞（最優良賞、優良賞、努力賞）、都道府県労働局長賞（優良賞、奨励賞）。厚生労働大臣最優良賞は、女性の能力発揮を促進するために他の模範ともいうべき取組みを推進し、その成果が顕著である企業に与えられ、1999年度もしくは2000年度における労働大臣努力賞、2001年度もしくは2002年度における厚生労働大臣努力賞又は2003年度以降における厚生労働大臣優良賞を受賞した企業が選考の対象とされる。

	1999年度	2000年度	2001年度	2002年度	2003年度	2004年度
厚生労働大臣 最優良賞						資生堂 松下電器産業
厚生労働大臣 優良賞					アイシン精機 平和堂 高島屋 帝　人 福岡銀行	千葉興業銀行 イズミ
（厚生）労働大臣 努力賞	未来工業 阿波銀行 琉球銀行	ジャスコ 資生堂	旭化成 松下電器産業	ニチレイ 大　丸		
都道府県 労働局長賞	武田薬品工業 ファンケル 高島屋 イズミ フ　ジ 千葉銀行 北陸銀行 駿河銀行 大分銀行 北海道ガス	宝酒造 井村屋製菓 ノリタケカンパニーリミテド マツダ 十六銀行 びわこ銀行	ロート製薬 テルモ 東陶機器 松下通信工業 ルシアン 松坂屋 平和堂 第四銀行 百五銀行 中国銀行 鹿児島銀行	アツギ 日本新薬 サンスター 有沢製作所 井筒屋 千葉興業銀行 山梨中央銀行 サンデーサン	森永製菓 不二製油 日東ベスト 自重堂 三　幸 愛三工業 凸版印刷 宝印刷 豊田通商 大垣共立銀行 宮崎銀行 日興コーディアルG マックスバリュ東北 インターネット総合研究所 百十四銀行	伊藤ハム 日本ビクター 新生銀行 滋賀銀行 池田銀行 十八銀行 オリエントコーポレーション 損害保険ジャパン 佐賀銀行

（注）※発表は毎年6月、企業名等は表彰時点による。※対象は表彰月（各年6月）末に上場していた銘柄とした。
※厚生労働大臣最優良賞は、1999年度もしくは2000年度における労働大臣努力賞、2001年度もしくは2002年度における厚生労働大臣努力賞又は2003年度以降における厚生労働大臣優良賞を受賞した企業を選考の対象とする。
※都道府県労働局長賞のｸﾞﾚｰ部分は奨励賞

図5-4　過去の均等推進企業表彰制度の受賞会社（分析対象銘柄のみ）

これらの表彰企業は市場に評価されているのか。表彰された77企業（内6企業は重複受賞のため、実際の企業数は71であるが、総サンプルで計算しているため77企業として分析）の株式が市場全体の動きと比べて、どのように推移したか、表彰の発表月の月末である毎年6月末を基準に、その前後でリターンがどの様に推移しているかを観察した。対象銘柄について各

	6カ月前	3カ月前	1カ月前
対TOPIX平均超過リターン(%)：平均値	-6.77%	-4.81%	0.22%
対TOPIX平均超過リターン(%)：中央値	-5.36%	-4.32%	1.05%
サンプル数	77	77	77

	1カ月後	3カ月後	6カ月後	12カ月後	24カ月後	36カ月後	48カ月後	60カ月後
対TOPIX平均超過リターン(%)：平均値	0.16%	3.13%	0.96%	12.80%	22.14%	30.27%	34.85%	50.44%
対TOPIX平均超過リターン(%)：中央値	0.30%	-0.82%	-3.73%	3.55%	15.70%	21.95%	29.89%	33.91%
サンプル数	77	77	77	64	43	33	20	11

図5-5　均等推進企業表彰銘柄の対TOPIX平均超過リターン

期間で、対ＴＯＰＩＸ累積超過リターンの平均値を算出した。また一部の銘柄のリターンの影響が入り難い中央値も算出した。

分析結果は図5－5で示した通りである。表彰の3カ月前がマイナス4・81％となっている。これは3月末時点で均等推進企業として表彰される銘柄がわかっていると仮定して（そもそも3カ月後がわかっていれば、もっと苦労せずに利益を上げることができるが、ここでは発表の前に、どの様に動いているかを確認するためのものである）、同銘柄を購入する一方、先物を売って株式市場全体の変動による損益を防いだ場合に得られた平均リターンという意味である。3カ月前とは、3カ月前に購入して、当月末で売却するという意味だ。一方、3カ月後とは発表の当月末に購入して3カ月後に売却することを示している。

特徴的な点は、図5－5で示される様に、表彰後の株式パフォーマンスが安定して上昇していることだ。例えば、発表の当月末に購入して1年後に売却した場合には12・80％、5年後（60カ月後）には何と50・44％のリターンが得られる。

つまり表彰企業の株式パフォーマンスは良好であることが立証されたのである。発表後でも十分投資のタイミングとしては間に合うわけで、いいかえればお役所が「上がる銘柄」を教えてくれているといってもいいだろう。

ファミリー・フレンドリー企業の株式パフォーマンス

お役所というのは、いろんなことをしているものだ。

厚生労働省は、女性労働者の能力発揮を促進するだけでなく、仕事と育児・介護を両立できるような様々な制度を持ち、多様かつ柔軟な働き方を労働者が選択できるような取組みを行う企業を表彰する制度を設けている。これがファミリー・フレンドリー企業表彰制度であり、毎年１回、10月の「仕事と家庭を考える月間」の開催に併せて表彰が行われる。賞の種類には、厚生労働大臣優良賞、厚生労働大臣努力賞、都道府県労働局長賞がある。

ファミリー・フレンドリー施策の明確な定義はないが、対象は充実した育児休業・介護休業制度、再雇用制度、社内保育設備等の、女性（男性も含む）の仕事と家庭の両立

	1999年度	2000年度	2001年度	2002年度	2003年度	2004年度
厚生労働大臣優良賞	ベネッセコーポレーション		日本電気		マツダ	花　王
厚生労働大臣努力賞	キッコーマン 東陶機器	ワコール 阪急百貨店 大阪ガス	ミノルタ	九州電力	ローランド	
都道府県労働局長賞	モロゾフ 日東ベスト ニスカ サンデン デンソー ヤマハ発動機 エクセディ ノーリツ鋼機 さいか屋 大垣共立銀行 百五銀行 沖縄銀行	小松精練 ワールド 島精機製作所 双葉電子工業 ミツバ ツルハ 三　越 丸　栄 沖縄電力 セシール タイヨー	ファンケル ノーリツ キトー 三洋電機 日本ビクター 山　武 未来工業 ロイヤル インテック 天満屋ストア	豊田自動織機 東北リコー マキタ 新日本無線 日本電池 住友電装 大真空 日本精機 阪神百貨店 イトーヨーカ堂 横浜銀行 ながの東急百貨店	ブラザー工業 栃木富士産業 西日本鉄道 関西スーパーマーケット	インテージ リョービ アシックス 宮崎銀行 東海旅客鉄道 神奈川中央交通

（注）※発表は毎年10月、企業名等は表彰時点による。※対象は表彰月（各年10月）末に上場していた銘柄。
※都道府県労働局長賞の1999年度の名称は「女性少年室長賞」
（出所）厚生労働省発表資料を基に大和総研作成
（ホームページ）ファミリー・フレンドリー企業表彰受賞企業一覧 http://www.mhlw.go.jp/general/seido/koyou/family/kigyo.html

図5-6　過去のファミリー・フレンドリー企業表彰制度の受賞会社（分析対象銘柄のみ）

を可能にするサポートを通じて、働き易い環境作りを促進している企業である。経済産業省の「女性の活躍と企業業績」の報告によれば、ファミリー・フレンドリー施策は企業業績を高めるという研究が進んでいるようだ。

均等推進企業表彰企業と同様にファミリー・フレンドリー表彰企業の株式パフォーマンスも計測してみた。実際に本項で分析対象としたファミリー・フレンドリー表彰企業は図5―6で示した。

その分析結果は図5―7、図5―8で示した通りである。傾向としては、均等推進企業表彰企業と同様に、表彰

	6カ月前	3カ月前	1カ月前
対TOPIX平均超過リターン(%):平均値	1.29%	3.88%	1.33%
対TOPIX平均超過リターン(%):中央値	0.86%	3.30%	2.80%
サンプル数	67	67	67

	1カ月後	3カ月後	6カ月後	12カ月後	24カ月後	36カ月後	48カ月後	60カ月後
対TOPIX平均超過リターン(%):平均値	-1.86%	-3.79%	1.44%	15.95%	25.51%	20.78%	44.96%	41.36%
対TOPIX平均超過リターン(%):中央値	-0.85%	-2.03%	-5.38%	7.79%	11.48%	21.04%	36.61%	37.25%
サンプル数	67	67	59	59	49	37	28	15

図5-7　ファミリー・フレンドリー企業表彰銘柄の対TOPIX平均超過リターン

後の株式パフォーマンスが安定して上昇している。

男女を区別するようではダメ

女性の活用に積極的と認められた企業の株式パフォーマンスが良好であることはこれまでに示した通りである。もちろん、これだけでは女性の活用が株式パフォーマンスを高めるという因果関係は示されない。

経済産業省の報告も実はこの点を強調している。先述した報告書のなかでは、株式パフォーマンスを高めるのは、女性の積極的な活用も含めた、その背後の企業風土にあるとしている。男女を区別せずに処遇する発想は個々人の能力・成果に基づく評価・処遇を重視する経営方針が背後にあり、これが企業の経営成果に繋がると考えられる。「女だからダメ」というような考えは、自信のない男性が、男性であることに何故か優位性を見出したくなる根拠のない思い込みのケースのようなものだろう。それを排する

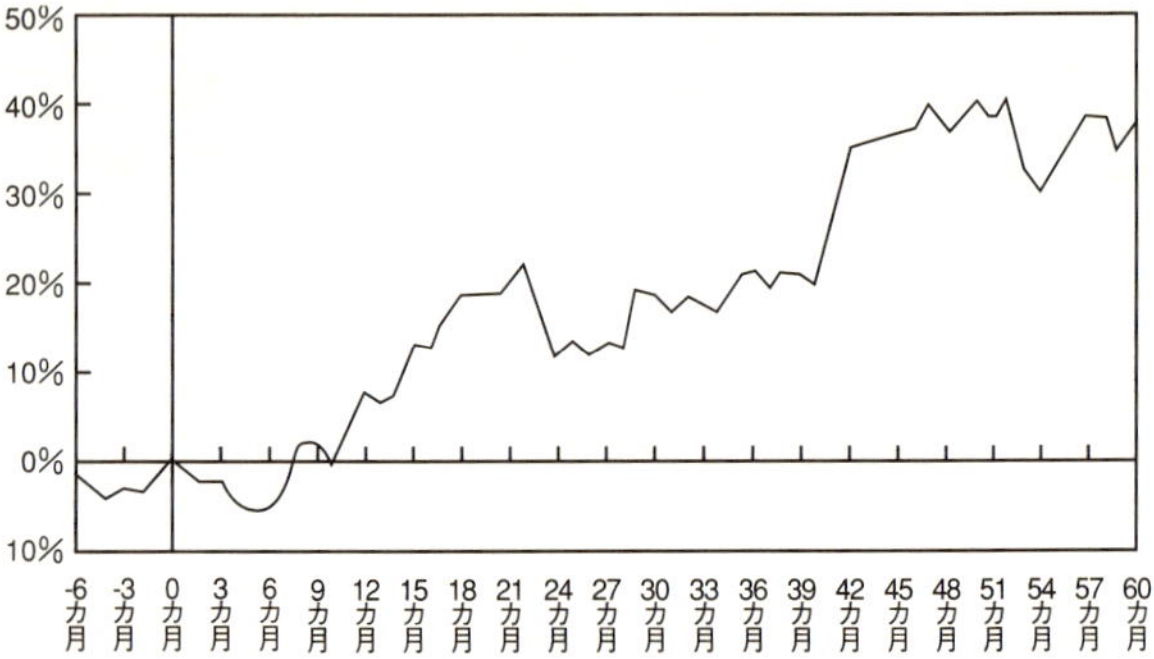

図5-8　ファミリー・フレンドリー企業表彰銘柄の対TOPIX超過累積リターン
（出所）大和総研

傾向の企業は自然と業績も良くなるのではないか。

因果関係が直接ないから投資の参考情報にならないのではなく、その背後にある企業固有の風土などは把握し難いため、観測される変数の「女性の活用に積極的」という情報を基に、将来の企業業績や株式の好パフォーマンスを予測することは妥当な投資戦略と考えられる。

コラム④　ポートフォリオ

ポートフォリオというと、何やら難しいファイナンスや投資理論の本を頭に浮かべる人も少なくはないでしょう。しかし難しく考える必要は全くありません。ポートフォリオという言葉は本来財産目録というような意味なのですが、そこから転じて現在では、投資の組み合わせというような意味で使われています。株式に限らず、土地や貴金属など様々なものがこの組み合わせの中には含まれています。

ポートフォリオの考え方は多くの投資家がすでに持っているものです。ある銘柄について「値上がりするはずだ」と予想して買ったものの、予想に反して値下がりしてしまうことはよくあります。予想だから百発百中とは行かないのは仕方が無いでしょう。

そこで1つの銘柄に全額を賭けるのではなく、上昇すると予想した銘柄を何銘柄かまとめて買うことにすれば、損をする可能性が低くなります。

こうして複数の銘柄に投資して、後悔する可能性を減らすことがポートフォリオの考え方の基本です。何銘柄か買うと、予想が外れて下落するものが複数でてくる可能性もあります。しかしある程度上手に予想する人なら、一方で予想通り上昇する銘柄がこれを上回り、全部を平均すると上昇して利益を得られる、ということになります。このように数銘柄にまとめて投資することがポートフォリオ運用です。概ね正しい予想が出来る人が、その予想を投資に反映させる方法がポートフォリオなのです。

競馬で例えれば、「これで決まり」という馬券に全額をつぎ込むのではなく、本命と思われる馬を軸に、何パターンかの組み合わせの馬券を買うようなものです。

この本ではポートフォリオという言葉が何度も登場します。それは何かの情報が本当に投資に役立つかを調べるためには、このポートフォリオの考え方が有効だからです。

ある情報の条件（たとえば女性を大切にしている企業、といった条件）にあてはまる銘柄を複数のパッケージとしてポートフォリオで保有したと仮定します。そのポートフォリオの騰落率が上昇すれば、この情報が本当に正しいと裏付けられます。ポートフォリオで見ることにより、株価の平均的な動きが分かるのです。

第6話　何でも話す子も市場で愛される

何でも話すいい子

前項では、社会的責任を果たしている企業は株式市場で評価されやすいという仮説の検証をしてみた。そこでは触れなかった「いい子」の要素の１つが、コミュニケーション能力である。いかに勉強が出来、素行が良い子であっても、友人と話もせず、家では部屋にこもりきりでは「いい子」とは言われない。なまじ頭がいいと、「うちの子は爆弾でも作っているのではないか」と余計な疑念を招きかねない昨今の状況である。

やはり教師や親、友人に対してある程度自分のことを話すことが「いい子」に対しては求められるところである。

これを企業に当てはめれば、情報公開の姿勢があるかどうか、ということになる。情報公開は、最近ではディスクロージャーという言葉で表される。不祥事が起きたときこそ、特に素早い情報公開が求められる。ここで下手な嘘を言うと、かえって回復不能な傷を負うのはすでに誰もが知るところなのだが、現実はなかなかそうもいかないようだ。「正直に言えば許してやる」と先生に言われたので、本当に正直に言ったら、やっぱり怒られた。その種のトラウマが経営者たちにあるのだろうか。

さて、不祥事におけるディスクロージャーの姿勢から、株式市場の評価を見るのは難しい。少なくとも不祥事が起きた時点で、その企業の評価は下がっている。「なんとうまい土下座だ！」と評価されたくらいで株価が急騰するとは思えない。

そこで、ここでは決算発表の時期をとっかかりとしてみよう。決算発表が早い企業はディスクロージャーに対して積極的な企業と見られる。ディスクロージャーが良いことは経営への自信の表れである。

仮にその時の決算の業績が芳しくない場合でも、早いディスクローズを行うことによる経営への自信は将来の企業の復活を期待させる。こうした企業の株式はポジティブな評価に繋がると考えられる。「目がもう少し大きければ」「鼻がもう少し高ければ」とパーツを問題にできるのは顔全体の方向性には自信があるからであって、すべてが壊滅状態であれば、そのような贅沢は言っていられないのと同じである（違うかもしれない）。

また、決算発表の早い企業は業務の効率化のレベルが高いことの表れとも見られる。2003年4月からの、外国企業を除いた全ての東証に上場する会社の四半期決算開示義務の導入で、決算の発表が年に4回行われている。決算発表サイクルの短縮化により、経理、財務部門のみならず、企業全体の業務システムの効率化が必要となっている。決算発表が早いことは、こうした対応に積極的な企業と考えられる。そこで、こうした2つの観点から、決算発表が早い企業の株式のパフォーマンスはポジティブになると仮説を設定して、その検証を行った。

分析の対象は全上場企業とした。決算期末から、実際に決算の発表が行われるまでの立会日数を数えて、その長短を基準に分析対象銘柄を4つのグループに分けた。第4グループが最も発表までの期間が短い企業であり、ここでの仮説からポジティブな株式の評価が期待される企業である。本分析では、4グループそれぞれに該当する企業に等しい金額ずつ投資したポートフォリオを作成して、その傾向を捉えた。発表が早い第4グループのポートフォリオのパフォーマンスが良ければ決算発表が早い企業の株価は良いという考えが正しかったということになる。

ただ実際に、4グループに分類する際には注意が必要となる。決算発表のタイミングの決定には同業他社の動きを睨む傾向が見られるからだ。たとえば業種で言えば証券会社は早い傾向にある。

従って業種内で発表が早いか、遅いかを比較する必要がある。そこで4グループに分ける基準は東証が分類する33業種の内でそれぞれ比較した。

なお、分析に使った決算は、本決算と中間決算とした。前述のように２００３年以降は四半期決算が義務付けられているが、未だ四半期決算のサンプルは充分ではないからである。更に、その後の株価指数の推移を見る際の基準として、本決算は7月以降、中間決算は1月以降とした。これを具体的な投資にあてはめて考えるために、毎年7月に直前に発表された本決算発表が早い企業と遅い企業の4グループ（早い、やや早い、やや遅い、遅い）に分類する。そして、それらの4つに該当する企業に等しい金額ずつの投資をした4本のポートフォリオを考える。そして1月が来たら、今度は直前の中間決算発表が早い企業と遅い企業で4つのポートフォリオを再度構築しなおす。これで年2回見直しを行い、最も決算が早い企業と遅い企業のそれぞれのグループのポートフォリオのリターンを比較した。

	第1グループ（決算発表が遅い）			第2グループ			第3グループ			第4グループ（決算発表が早い）			スプレッド（最高位ー最下位）		
時価総額	平均	偏差	平均÷偏差	平均	偏差	平均÷偏差	平均	偏差	平均÷偏差	平均	偏差	平均÷偏差	平均	偏差	平均÷偏差
全ユニバース	-0.4%	17.9%	-0.02%	-0.7%	17.6%	-0.04%	-0.8%	14.0%	-0.06%	0.8%	19.5%	0.04%	1.1%	26.9%	0.04%
500億円以上	-0.5%	19.5%	-0.02%	-0.8%	15.8%	-0.05%	0.4%	16.9%	0.02%	0.8%	18.1%	0.04%	1.6%	29.9%	0.05%
500億円未満	0.0%	18.4%	0.00%	-1.4%	14.8%	-0.09%	0.4%	14.6%	0.03%	1.0%	17.1%	0.06%	1.0%	27.7%	0.04%

（注）「平均÷偏差」は、平均値÷標準偏差。リターンとリスク（標準偏差）は年率換算。（出所）大和総研

図6-1　4グループに分けたポートフォリオの検証結果

早い企業は高評価

分析結果は図６－１で示した通りである。対象企業全体のデータは「時価総額」の項の「全ユニバース」の欄で示している。注目したいポイントは最も決算発表が早い第４グループの平均リターンがプラスとなっていることだ。一方、「遅い」にあたる第１グループのリターンがマイナスとなっており、決算発表が早いことが株式市場でポジティブな評価に繋がっていることがわかる。

さらに、第４グループと第１グループのスプレッドリターンがプラスとなっていることも要注目である。わかりやすくいえばこれは決算発表が早い企業グループのポートフォリオに投資して、遅い企業のポートフォリオを空売りするという戦略をとると収支がプラスになるということである。至極シンプルな戦略であるが、このリターンがある程度プラスとなっていることから、銘柄選別

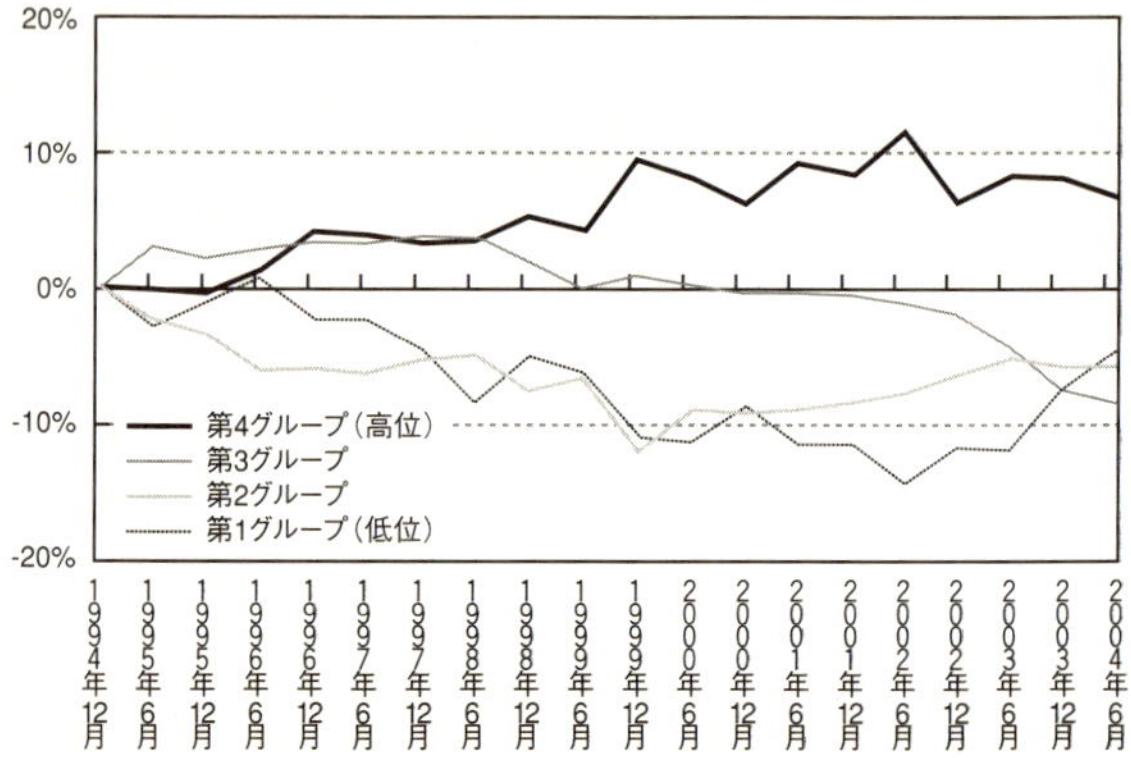

図6-2　4グループに分けたポートフォリオの累積リターン：時価総額区分なし

の際の情報としては効果があるようだと分かる。

また図６－２で各グループの累積リターンの経過を観察した。グラフが下がる場面もあるが、第４グループは過去10年間で概ね上昇のトレンドが見られる。これは長期的に見て決算発表が早い企業はパフォーマンスが良いことを表している。

ただ、グラフを見ればおわかりのように、最近は第１グループが上昇していることも事実である。これはここまでの推論と矛盾する結果だ。

この部分から読み取れることは決算発表が遅いという情報だけでは、株価が下落するというわけではない、ということだろう。株価を決める要因は他にもたくさんあるから当たり前である。

また図６－１の「全ユニバース」の下の部分は時価総額別に分析対象銘柄を区切って、５００億円以上と、それ未満の２つのグループに分けて同様な検証を行った結果である。５００億円以上を大型株、それ未満を小型株と呼ぶことにする。結果は図６－１で示される様に、大型株で平均リターンのスプレッドが高かった。

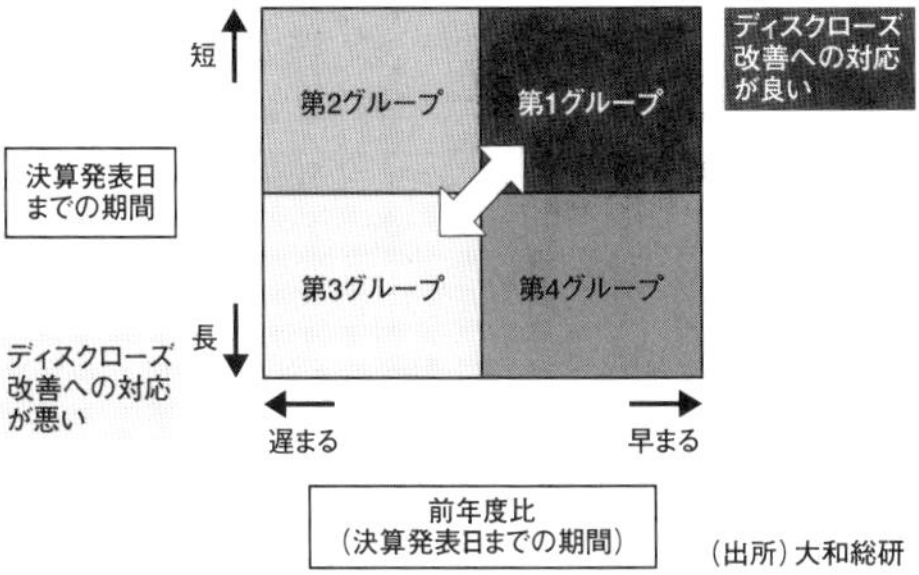

（出所）大和総研

図6-3　2×2＝4つのグループ

大型株に絞った場合に、決算発表のスピードとリターンの関係が強まった理由としては、次の様に考えた。そもそも小型株はディスクローズ面よりも、将来の成長等の情報に関する期待で変動する傾向が強い。

一方、大型株は小型株と比べて、投資家に情報が伝達されるスピードが速い。このため、ディスクロージャー、経営者の姿勢等の足元のファンダメンタルズを先行すると見られる情報の有効性が高まるのだろう。

ここまでは決算発表のスピードが早いか遅いか、を基準に調査した。しかし、この分析のみではディスクローズの姿勢が把握できない面もある。特に、株価が企業の変化に反応するのであれば、決算発表を早めたかどうか、

	第1グループ（決算発表までの期間：短い 前年度比較：早めた）			第2グループ（決算発表までの期間：短い 前年度比較：遅くなった）			第4グループ（決算発表までの期間：長い 前年度比較：早めた）			第3グループ（決算発表までの期間：長い 前年度比較：遅くなった）			スプレッド（第1グループ－第3グループ）		
時価総額	平均	偏差	平均÷偏差	平均	偏差	平均÷偏差	平均	偏差	平均÷偏差	平均	偏差	平均÷偏差	平均	偏差	平均÷偏差
全ユニバース	0.3%	13.9%	0.02	-1.4%	19.1%	-0.07	0.0%	18.8%	0.00	0.2%	20.8%	0.01	0.2%	27.0%	0.01
500億円以上	1.2%	16.5%	0.07	-1.2%	21.1%	-0.06	-2.4%	18.1%	-0.13	1.2%	22.8%	0.05	0.2%	33.3%	0.01
500億円未満	0.7%	15.5%	0.04	1.1%	18.8%	0.06	0.1%	18.2%	0.00	-1.8%	15.3%	-0.12	2.9%	25.7%	0.11

（注）「平均÷偏差」は、平均値÷標準偏差。リターンとリスク（標準偏差）は年率換算。
（出所）大和総研

図6-4　図6-3の4グループのポートフォリオの検証結果

という基準も重要である。今まで遅かった企業が早くなったとすれば、ディスクローズの改善と業務効率化の達成が背後にあるからだ。そこで、ここまでのグループ分けの基準（決算発表が早いか遅いか）に、業種内で決算発表を早めたかどうかの情報を加えて、それぞれ2分割した2×2＝4グループに分けたポートフォリオによる分析を行った（図6－3）。

分析結果は図6－4で示した。最もポジティブな評価が期待される第1グループと、最もネガティブな評価となるであろう第3グループのスプレッドを観察すると、いずれもプラスとなっていることは注目される。

更に、特に注目されるところは、小型株では「決算発表のスピードを早めたかどうか」の情報を加えることでスプレッドリターンは2・9％となり、ある程度のプラスの水準であった点だ。

そこで小型株を対象として、各グループのポートフォリオの

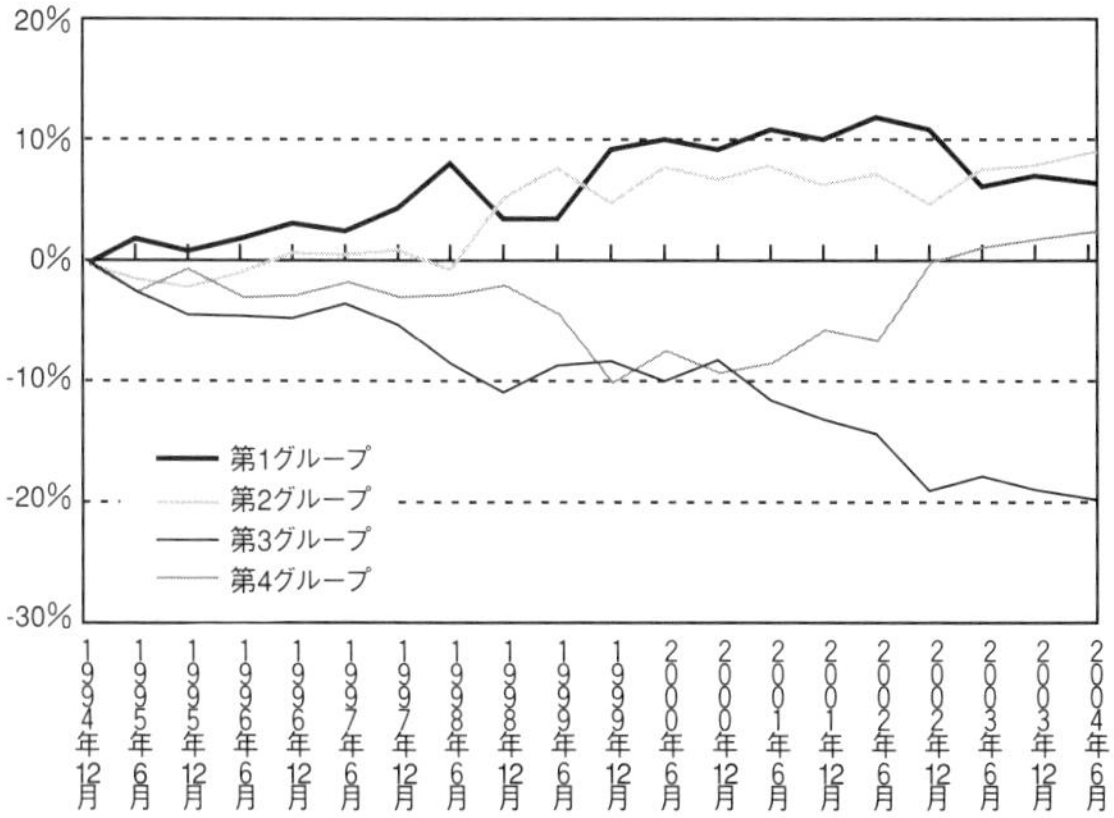

（出所）大和総研

図6-5　4グループの平均累積リターン：時価総額500億円未満

リターンを観察した（図６－５）。ここで特に注意したいポイントは「決算発表が遅く、早めていない」という２つの観点でネガティブな企業のリターンが悪化していることだ。小型銘柄もディスクローズの姿勢が改善されない企業は評価が悪化することは注目できる。

ただ、注意点であるが、これは何度も繰り返しになるが、決算発表のスピードだけで株価が決まるわけではない。図６－４で得られた小型株のスプレッドリターンは３％弱である。３％程度の水準が高いか？　ということは判断が難しいが、それだけで高い利益が得られるとは言い難い。

第10回（2004年度）	第9回（2003年度）	第8回（2002年度）	第7回（2001年度）	第6回（2000年度）
NECフィールディング	伊藤園	ローソン	ニチレイ	日立製作所
帝人	なとり	第一製薬	山之内製薬	アイワ
テルモ	JSR	総合メディカル	マックス	TDK
東芝	花王	資生堂	松下電器産業	HOYA
本田技研工業	TOA	アイフル	リコー	三洋電機クレジット
東京エレクトロン	ドウシシャ		バンダイ	
	アコム		ユニ・チャーム	

第5回（1999年度）	第4回（1998年度）	第3回（1997年度）	第2回（1996年度）	第1回（1995年度）
カゴメ	伊藤園	東レ	キリンビール	ソニーケミカル
藤沢薬品工業	花王	資生堂	サトー	アイワ
日立マクセル	ケーヒン	小松製作所	マックス	HOYA
本田技研工業	凸版印刷	ソニー	国際電気	ソニー・ミュージックエンタテインメント
ソフトバンク	東京エレクトロン	第二電電	スター精密	ナムコ
リコーリース		ゼビオ	ヤマト運輸	ホギメディカル
			アコム	鳥居薬品

（注）アイワは、ソニーの完全子会社となることに伴い、2002年9月25日に上場廃止。
第二電電は、KDD及び日本移動通信と合併し、2000年10月1日に、KDDIに商号変更。
ソニーケミカル及びソニー・ミュージックエンタテインメントは、ソニーの完全子会社となることに伴い1999年12月28日に上場廃止。
（出所）東京証券取引所の発表を基に大和総研作成

図6-6　過去の東証のディスクロージャー表彰企業

もっとわかりやすい目安はないか

決算時期を1つ1つ検討するのは面倒だ。もう少し他の目安はないだろうか。そもそもそこまで苦労して分析しても、3%といまひとつのパフォーマンスである。

そういう意見を予想したわけではなかろうが、東証は「ディスクロージャー表彰制度」というものを設けている。毎年5〜7企業が表彰されている（図6―6）。

そこで、本項ではこれまで東証が表彰した企業の株式のパフォーマンスがどうであったか、を調べた。ディスクローズが良い企業は、ガバナンス面が優れているだけでなく、株主を含めたステークホルダー（企業の利害関係者）に対して経営成績や企業

	18カ月前	12カ月前	1カ月前	1カ月後	3カ月後	6カ月後	12カ月後	24カ月後	36カ月後
TOPIX超過累積リターン:平均値	36.18%	24.36%	2.79%	2.30%	3.24%	7.07%	9.64%	8.71%	15.50%
TOPIX超過累積リターン:中央値	5.21%	1.17%	-0.44%	0.96%	-1.14%	5.66%	7.80%	6.00%	8.83%
サンプル数	56	56	56	50	50	50	50	43	38

（注）表彰当月以前は当該月を基準に累積リターンを算出。表彰当月以後は表彰当月を基準に累積リターンを算出。（出所）大和総研

図6-7　表彰銘柄の対TOPIX超過累積リターン

戦略を積極的に開示するが、これは経営姿勢に対する自信の表れと見ることができる。株式もポジティブな評価に繋がると考えられる。

　これまでの表彰企業は53社である。これらの企業が表彰の発表月の月末（つまり、毎年１月末）を基準に、その前後でリターンがどの様に推移してきたかを観察した。

　さらに、具体的には次のような分析を行った。分析対象企業は図６―６のディスクロージャー表彰企業のなかで、２００５年１月末現在で上場している48社とした（このうち８社は２回表彰されているため、それぞれ２サンプルとして処理している）。分析結果では表彰銘柄がＴＯＰＩＸに対してどの程度上回ったかのリターンの平均的な傾向を見るために、平均値を示した。加えて、参考に中央値も示した。中央値とは、表彰銘柄のリターンを高い方から並べて、順位がちょうど真ん中の企業のリターンの値である。

　分析結果が図６―７である（36カ月後のサンプル数が38と減っているのは、２００２年度以降の表彰銘柄については現時点ではまだ36カ月経

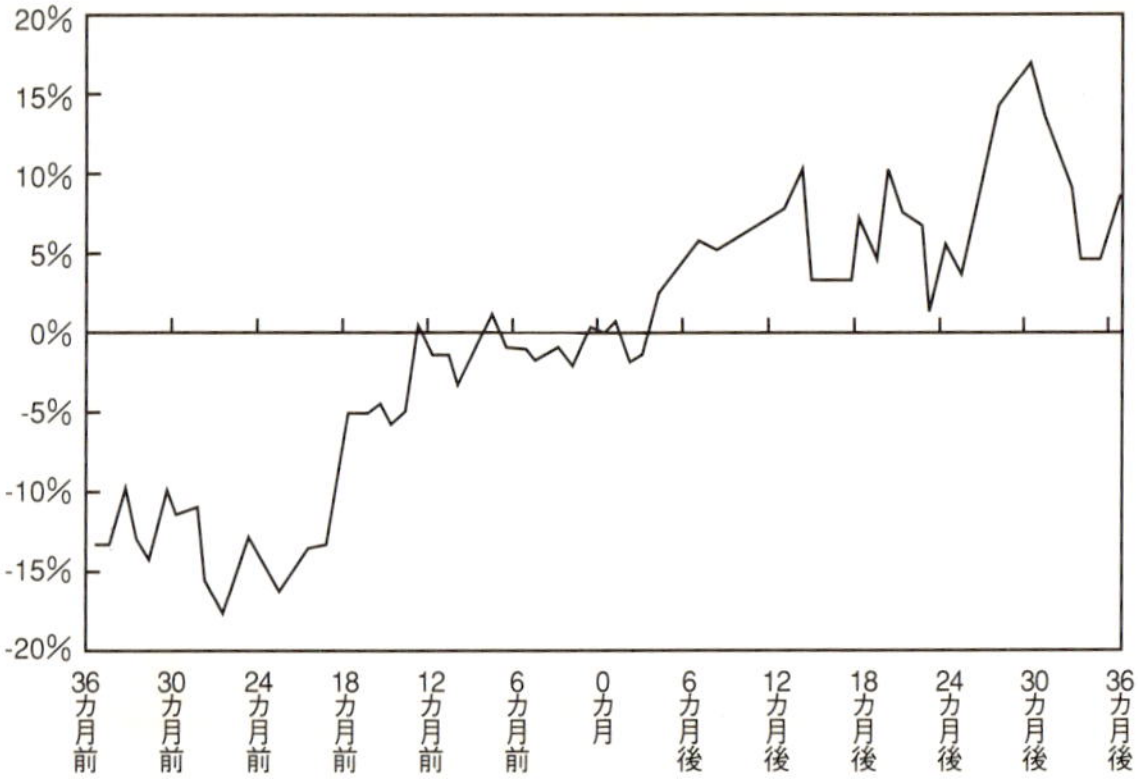

図6-8　ディスクロージャー表彰企業の対TOPIX超過リターン（中央値）

過しておらず、データが取れないためである。１カ月前が２・79％となっている。これは前月末（つまり前年の12月末）に表彰銘柄がわかっていると仮定して、同銘柄を購入する一方、先物を売って株式市場全体の変動による損益を防いだ場合に得られた平均リターンという意味である。

特徴的なのは、表彰銘柄は表彰の前後を通じて株式パフォーマンスが堅調であったことだ。例えば、18カ月前に投資して、表彰月末に売却すると、ＴＯＰＩＸに対して平均で36％、中央値で５％リターンが上回った。一方、12カ月後に売却した場合には平均では９％、中央値は７％ＴＯＰＩＸを上回った。

この傾向は図６－８からも顕著に読み取れる。

発表月末を0カ月とおいて、ＴＯＰＩＸをどれだけ上回ったかを示す超過リターンを%で示した、超過リターンの中央値のグラフである。

表彰の1年後から2年後にかけて、グラフが下落する場面が見られる。しかし、全体の流れとして表彰後のパフォーマンスは、表彰前に比べて良好である。

ディスクロージャー表彰後の株式パフォーマンスが高いことは投資アイデアとして重要な情報だろう。これは表彰された後にその企業に投資することで、大きな投資収益が期待できるからである。

ライブドアとフジテレビの例に見られるように、株式市場でＴＯＢ（株式公開買い付け）がテーマとして注目されるなかで、株式需給の観点から、企業は買収に応じないような個人の安定株主作りへの姿勢を強めている。個人投資家に安定的に株式を投資してもらうには、まず会社を良く知ってもらう必要がある。実は業績が良いのに、一部のプロの投資家しか知らない状況では、個人はなかなか投資してくれない。従ってディスクロージャーを積極的に行う事は会社を良く知ってもらうことになり、投資家層を広げることに繋がる。こうした株式の需給が良くなることも表彰企業の株高に繋がったのだろう。

コラム⑤　ヘッジファンド

ヘッジファンドという言葉を耳にする機会が増えた読者も多いことでしょう。一般にどういう投資信託をヘッジファンドと呼ぶかの決まりはありません。辞書的にいえば、ヘッジファンドとは空売りを積極的に利用して売買益を稼ぎ出す投資手法をとる投資信託である、ということになります。

しかしこの説明でも分かり難いかもしれません。一般に投資信託の運用には空売り（信用売り）等の信用取引に関する制限があります（借入れに関わる株式の時価総額は、当該投資信託財産の純資産総額の範囲内とされています。∵投資信託協会諸規則・投資信託等の運用に関する規則第15条）。何故ならば、もしも無制限に空売りをしてもいいとなると、運用者が例えば運用を失敗した場合に、一発逆転を狙って下げ相場に賭けて大幅な空売りを実施するかもしれません。233年の歴史を誇り「女王陛下の投資銀行」とも称された英ベアリングズを1995年2月に倒産させたトレーダーのニック・リーソンが、損失をカバーするためにシンガポールの日経平均先物取引で多額な取引を行ったことは、1998年の映画「マネートレーダー　銀行崩壊」で良く知られています。しかし投資信託を買った側からすれば、こんなことをされては困ります。そのために運用規制があるのです。

規制があるということは、儲けるチャンスを失うことになります。ヘッジファンドは公募ではなく私募形式で出資を募ったりすることにより、法規制を受けずにすむため、空売りを積極的に利用して大きな利益を獲得することができます。

ヘッジファンドという言葉が良く知られるようになったのは、ジョージ・ソロスによります。ソロスは1992年の欧州通貨危機で英ポンドの大量の空売りを行い巨額の収益を得ました。日本円に直すと1000億円以上とも言われます。「ヘッジファンドにやられた」などと言う言葉を市場で耳にすることもありますが、要は何でもアリの投資手法で、ファンドマネージャーの能力をフルに活用することで大幅な利益を得られるというのがヘッジファンドの存在理由ともなります。

第7話　ご成婚とオリンピックの効用

おめでたいことは景気がいいことか

テロや大地震で株価が下がることは珍しくない。実際に、世界貿易センタービルの倒壊が鮮明に報道された、9・11米同時多発テロの直後の米国株はNYダウで684ドル（2001年9月17日）下落した（NY市場はテロ後、17日より再開されたため）。東京市場もテロの影響を受けて日経平均は682円（2001年9月12日）下落した。

大地震の株価に与える影響も大きい。近年、我が国で最も被害が大きかった、1995年1月17日の阪神・淡路大震災の日の日経平均は、意外に下げは小さかったとはいえ、89円下落した。こうした突発事象を予想できれば、損失を未然に防ぐことができる。但し、こうした出来事を予測することは株価の予想以上に難しいことである。

筆者が大変に尊敬する方で、キーグラフという分析ツールを開発して、実際にそれを使って地震予知を試している大学の先生がいる。地震予知では、さまざまな前兆現象の報告がされているものの、まだ評価が定まっていない。もう予知は不可能だという向きもあるが、筆者は、キーグラフによる今後の地震予知の精度向上には大変期待している。

さて一方で、世の中に大きなインパクトを与えることが確実で、なおかつ、ほぼその時期がわかっているものもある。

筆者はこれまで、あらかじめわかっている大きなイベント、出来事の影響を予想するために、過去の類似の出来事の影響を分析するという作業を何度か行ってきた。実際に、そうした分析が的確だったか。ここではごまかすことなく、予想とその後の結果を明らかにしようと思う。

皇太子妃雅子様が、愛子さまをご出産なさったのは、２００１年12月１日のことであった。筆者は当時のレポートで、「久々の明るい話題なだけに祝賀ムードの広がりによる個人消費の喚起が期待されている。企業側にもご出産を祝う記念商品の発売やキャンペーンが広がっている。株式市場でもピジョンや西松屋チェーンなど育児関連銘柄に対する一段の関心の高まりが期待されている」と記した。

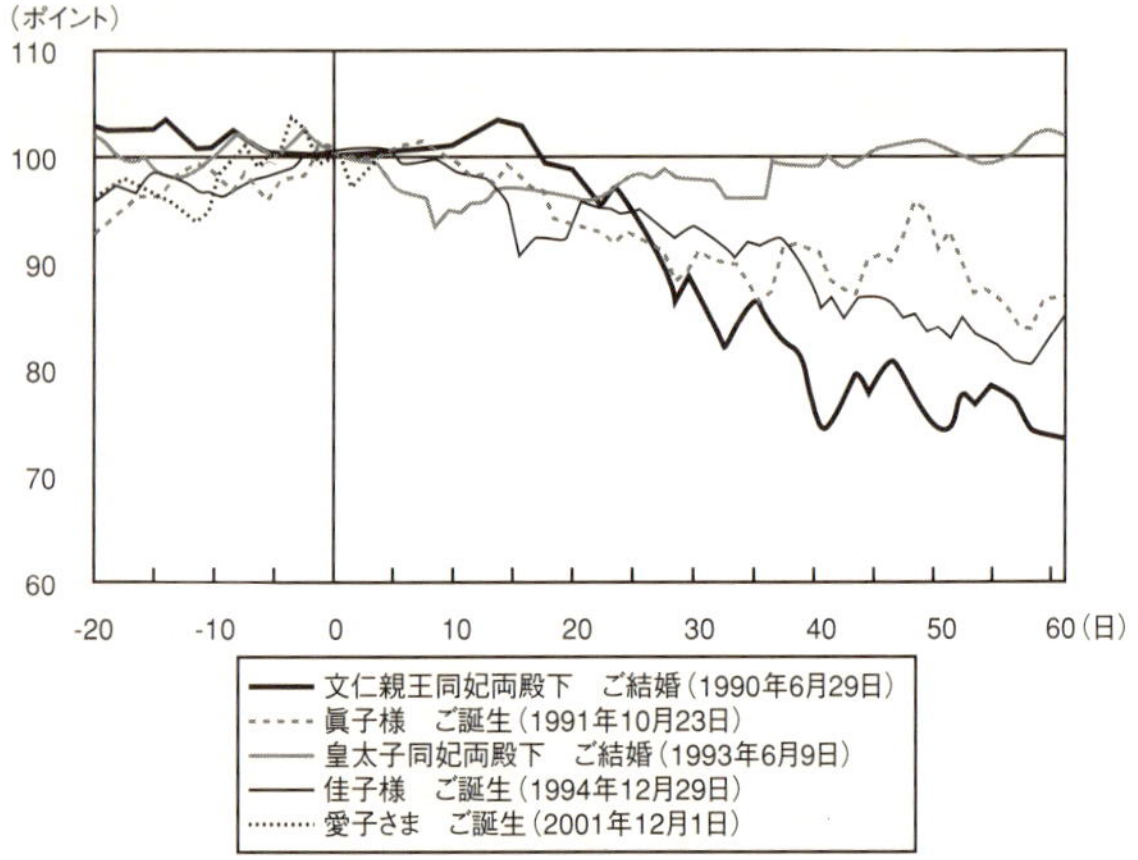

図7-1　1990年以降2001年までの皇室慶事と日経平均（愛子さまご誕生時作成）

一般人のレベルで考えても、結婚や出産ほどお金のかかる行事はない。結婚情報誌ゼクシィが２００２年に発表した調査結果によれば、結納から新婚旅行までの平均費用が３５９万円、さらに新居の準備や家具の購入費用が１５９万円で計５１８万円である。この費用が全国１位であるのが「名古屋婚」で有名な東海地方（５８５万円！）であることと、この地方の景気が良いこととは必ずしも無関係ではあるまい。

　話を元に戻そう。皇室の慶事となれば、多くの国民にとっても喜ばしいことである。一体、それらが株式市場にどのような影響を与えたかを、もう少し細かく分析した。

過去の皇室慶事とその前後の日経平均

１９９０年以降、愛子さまご誕生までの主な皇室慶事は図７－１で取り上げた５回である。図７－１は5回の皇室慶事前後の日経平均がどのように推移したかを示したグラフである。皇室慶事発生前日を１００になるように基準を取ったものだ。横軸は発生日を0として立会い日数の経過を示したものである。

結果から、概ね皇室慶事前の相場は堅調に推移する一方、慶事後は軟調な推移が見られる。厳密にいえば意外なことに過去4回中3回は下落トレンドを見せている。

しかし、このとき筆者は60日経過後に基準値の１００を上回った１９９３年6月の「皇太子同妃両殿下ご結婚」にむしろ注目してみた。愛子さまのご誕生は、皇太子の慶事であるため、参考にすべきは１９９３年6月だろう。

そして、「当時のパターンを現在に当てはめると、年末まで日経平均は弱含むものの、新春は明るい相場展開が期待できる」と予測をした。

さて、その後の株式市場はどうだったただろうか？　愛子さまが生まれたその年の12月の日経平均は月間で１７２・00円（１・66％）上昇した。更に翌年の年度末の3月末までに、２００１年末から見て、４８２・32円（４・57％）上昇した。予想通りに株式市場は好調であった。また、関連銘柄のピジョンや西松屋チェーンの株も12月から翌年3月までの間にそれぞれ、2・46%、40・6%上昇した。

更に近年の代表的な皇室慶事といえば2005年3月の紀宮様のご婚約である。紀宮様は、東京都庁勤務の黒田慶樹氏とご婚約された。お2人の誠実な記者会見での対応に心を打たれた読者も少なくないだろう。ところで株式市場もこのご結婚を祝ってか、ご結婚のニュースが流れた2004年11月14日から1カ月間の日経平均は424・89円(4・21%)の上昇となった。皇室慶事の明るい話題で、投資家も明るくなり、株高となったのかもしれない。

過去の皇室慶事と業種別騰落率状況

参考までに、図7－2は過去の皇室慶事後の業種別騰落率状況である。これら4つの傾向からは際立った特徴が見られる訳ではないようだ。図7－1と同様に「皇太子同妃両殿下ご結婚」に絞って見てみると、①個人消費との関係が期待できる「小売業」が1カ月後に第9位、2カ月後に10位であった。また②長期的には家族の増加に伴う保険の加入・見直しなどが期待される「保険業」も1カ月後が第12位、2カ月後に9位と相対

文仁親王同妃両殿下　ご結婚（1990年6月29日）

業種名	1カ月間 騰落率	業種名	2カ月間 騰落率
パルプ・紙	12.0%	パルプ・紙	2.7%
鉱業	11.2%	鉱業	-7.0%
金属製品	6.7%	金属製品	-11.9%
石油・石炭製品	5.8%	小売業	-13.4%
非鉄金属	3.6%	非鉄金属	-13.8%
空運業	1.6%	その他製品	-14.5%
小売業	0.9%	鉄鋼	-15.8%
その他製品	0.7%	卸売業	-16.1%
食料品	0.5%	銀行業	-17.3%
医薬品	-0.9%	サービス業	-17.5%
サービス業	-0.9%	繊維製品	-17.7%
卸売業	-1.7%	電気機器	-17.8%
建設業	-2.0%	空運業	-18.2%
化学	-2.3%	通信業	-18.7%
繊維製品	-2.5%	医薬品	-18.9%
機械	-2.8%	輸送用機器	-19.1%
精密機器	-3.0%	電気・ガス業	-19.2%
ゴム製品	-3.1%	保険業	-19.4%
その他金融業	-3.9%	不動産業	-19.6%
ガラス・土石製品	-3.9%	精密機器	-19.8%
倉庫・運輸関連業	-3.9%	石油・石炭製品	-20.0%
電気機器	-4.3%	食料品	-20.6%
海運業	-4.6%	建設業	-21.0%
水産・農林業	-5.2%	化学	-21.1%
輸送用機器	-5.3%	機械	-21.6%
鉄鋼	-5.6%	陸運業	-21.9%
不動産業	-5.7%	その他金融業	-22.0%
保険業	-6.6%	ガラス・土石製品	-24.2%
通信業	-6.7%	倉庫・運輸関連業	-24.5%
陸運業	-7.1%	ゴム製品	-24.5%
銀行業	-7.4%	証券業	-25.1%
電気・ガス業	-7.7%	水産・農林業	-27.1%
証券業	-9.7%	海運業	-29.7%
TOPIX	-4.0%	TOPIX	-18.4%

眞子様　ご誕生（1991年10月23日）

業種名	1カ月間 騰落率	業種名	2カ月間 騰落率
ゴム製品	0.1%	電気・ガス業	-5.8%
銀行業	-1.9%	小売業	-7.7%
電気・ガス業	-3.9%	水産・農林業	-8.0%
倉庫・運輸関連業	-3.9%	倉庫・運輸関連業	-8.1%
陸運業	-4.0%	陸運業	-8.8%
小売業	-4.3%	パルプ・紙	-9.2%
通信業	-4.6%	ゴム製品	-10.0%
ガラス・土石製品	-4.9%	ガラス・土石製品	-10.3%
食料品	-5.2%	食料品	-10.3%
水産・農林業	-5.8%	輸送用機器	-10.4%
海運業	-6.3%	海運業	-10.8%
証券業	-6.7%	その他金融業	-11.0%
サービス業	-6.8%	精密機器	-11.2%
輸送用機器	-7.1%	電気機器	-11.3%
その他金融業	-7.5%	通信業	-11.4%
パルプ・紙	-7.7%	その他製品	-11.5%
電気機器	-7.8%	保険業	-11.9%
精密機器	-7.8%	繊維製品	-12.4%
医薬品	-7.9%	サービス業	-12.5%
その他製品	-8.0%	銀行業	-13.0%
保険業	-8.2%	化学	-13.0%
鉄鋼	-8.2%	建設業	-13.5%
化学	-8.3%	不動産業	-13.8%
繊維製品	-8.4%	金属製品	-14.4%
金属製品	-8.4%	医薬品	-14.7%
建設業	-8.9%	証券業	-14.7%
機械	-9.3%	機械	-14.9%
非鉄金属	-9.8%	空運業	-14.9%
空運業	-10.5%	石油・石炭製品	-15.5%
不動産業	-10.5%	鉄鋼	-15.6%
石油・石炭製品	-10.7%	卸売業	-15.8%
卸売業	-10.9%	鉱業	-16.3%
鉱業	-10.9%	非鉄金属	-17.2%
TOPIX	-6.0%	TOPIX	-12.2%

皇太子同妃両殿下　ご結婚（1993年6月9日）

業種名	1カ月間 騰落率	業種名	2カ月間 騰落率
銀行業	2.1%	その他金融業	8.5%
空運業	1.9%	銀行業	7.2%
電気・ガス業	1.3%	陸運業	3.2%
倉庫・運輸関連業	-0.4%	空運業	3.0%
陸運業	-0.5%	電気・ガス業	2.4%
石油・石炭製品	-1.2%	倉庫・運輸関連業	1.7%
医薬品	-1.8%	石油・石炭製品	1.5%
その他金融業	-2.5%	その他製品	1.3%
小売業	-2.6%	保険業	1.0%
サービス業	-3.3%	小売業	0.0%
食料品	-3.3%	医薬品	-0.1%
保険業	-3.5%	金属製品	-0.7%
その他製品	-3.9%	電気機器	-1.0%
金属製品	-4.1%	通信業	-1.3%
ガラス・土石製品	-4.2%	卸売業	-1.9%
電気機器	-4.3%	証券業	-2.0%
卸売業	-4.3%	食料品	-2.2%
非鉄金属	-4.3%	ガラス・土石製品	-2.3%
繊維製品	-4.6%	サービス業	-2.4%
化学	-5.2%	不動産業	-2.9%
不動産業	-5.5%	非鉄金属	-3.0%
パルプ・紙	-5.7%	輸送用機器	-3.3%
水産・農林業	-5.7%	繊維製品	-3.9%
機械	-5.8%	化学	-4.5%
輸送用機器	-6.2%	精密機器	-5.0%
精密機器	-6.2%	機械	-5.2%
鉱業	-7.0%	パルプ・紙	-5.4%
海運業	-7.3%	海運業	-6.1%
通信業	-7.9%	建設業	-6.8%
証券業	-7.9%	水産・農林業	-6.9%
建設業	-8.3%	ゴム製品	-7.7%
鉄鋼	-8.4%	鉱業	-7.7%
ゴム製品	-10.5%	鉄鋼	-7.9%
TOPIX	-2.8%	TOPIX	0.2%

佳子様　ご誕生（1994年12月29日）

業種名	1カ月間 騰落率	業種名	2カ月間 騰落率
建設業	8.4%	建設業	0.3%
金属製品	1.3%	電気・ガス業	-6.8%
ガラス・土石製品	-1.8%	金属製品	-8.3%
鉄鋼	-3.4%	医薬品	-8.4%
医薬品	-4.3%	陸運業	-8.9%
空運業	-5.7%	銀行業	-10.2%
陸運業	-6.4%	不動産業	-10.3%
その他製品	-6.7%	ガラス・土石製品	-10.4%
石油・石炭製品	-6.8%	鉱業	-10.7%
食料品	-6.9%	石油・石炭製品	-10.8%
電気・ガス業	-7.9%	食料品	-11.1%
非鉄金属	-8.2%	空運業	-12.4%
化学	-8.3%	鉄鋼	-12.9%
機械	-8.5%	水産・農林業	-13.3%
倉庫・運輸関連業	-8.8%	その他製品	-13.6%
水産・農林業	-8.9%	化学	-14.4%
サービス業	-9.0%	その他金融業	-14.6%
鉱業	-9.2%	繊維製品	-15.4%
輸送用機器	-9.3%	サービス業	-15.5%
不動産業	-9.8%	海運業	-16.2%
繊維製品	-9.8%	ゴム製品	-16.2%
その他金融業	-9.9%	保険業	-16.6%
卸売業	-10.2%	パルプ・紙	-16.8%
海運業	-10.4%	電気機器	-16.8%
パルプ・紙	-10.8%	精密機器	-16.8%
ゴム製品	-10.9%	倉庫・運輸関連業	-17.2%
精密機器	-11.0%	非鉄金属	-17.8%
小売業	-11.3%	輸送用機器	-17.9%
電気機器	-12.0%	機械	-18.0%
銀行業	-12.2%	小売業	-18.4%
通信業	-12.4%	卸売業	-18.6%
保険業	-12.8%	証券業	-20.6%
証券業	-15.1%	通信業	-21.3%
TOPIX	-9.1%	TOPIX	-13.2%

（出所）東証データを基にDIR算出

図7-2　皇室慶事と業種別騰落率状況

的に上位圏にあることは注目される。

また記念広告などのことを考えると「パルプ・紙」も関連銘柄と言えるかもしれない。

4年に1度の大イベント

皇室の慶事よりも、もっと事前にわかる出来事で、それも国民的、世界的関心事といえば、まず挙げられるのがオリンピックである。

もちろん、こうした「確実にわかっている出来事」に関しては多くの人がそれを織り込んで投資活動を行う。だから単に「オリンピック関連銘柄だから買おう」というシンプルな考え方だけではどうしようもない。皆がそう思って買った結果、すでに高値となっているのかもしれないからである。

では、オリンピック関連銘柄はどの時点で投資すればよいのか。

そもそもオリンピック関連銘柄と一口にいっても、スポンサー企業や選手が所属する企業などその関連形態は様々である。また、テレビ観戦に伴う薄型テレビ、ＤＶＤレコーダーなどの需要拡大が見込まれることから、デジタル家電銘柄もその関連株といえる。

本項では、過去のオリンピックの関連銘柄で実際に株価が上昇した銘柄に注目し、開催何カ月前から実際に上昇したのかを観察してみた。

この分析は、アテネ・オリンピック開催前に行った。従って、以下に紹介する分析結果は、アテネ・オリンピックのことを織り込んだものではない。その分析結果が正しかったかについては、後で触れる。

年	開催地	期　間
2004	アテネ	2004年8月13日 ～ 2004年8月29日
2000	シドニー	2000年9月15日 ～ 2000年10月1日
1996	アトランタ	1996年7月19日 ～ 1996年8月4日
1992	バルセロナ	1992年7月25日 ～ 1992年8月9日

図7-3　夏季オリンピック開催地と開催期間

オリンピック関連銘柄は3カ月前で間に合う

まず２０００年シドニー、１９９６年アトランタ、１９９２年バルセロナの夏季オリンピック時に公式スポンサーであった銘柄に関して、オリンピック開催７カ月前からの対ＴＯＰＩＸ超過リターンをみた（図７－４）。シドニーでは松下電器、アトランタではミズノ、バルセロナではリコーが公式スポンサーだったので、それを分析の対象とした。ちなみに過去４回の夏季オリンピック開催地及び期間は図７－３に示した通りである。

それぞれについて、夏季オリンピック開幕の前日、１カ月前、２カ月前、３カ月前、４カ月前、５カ月前、６カ月前、７カ月前時点の各銘柄

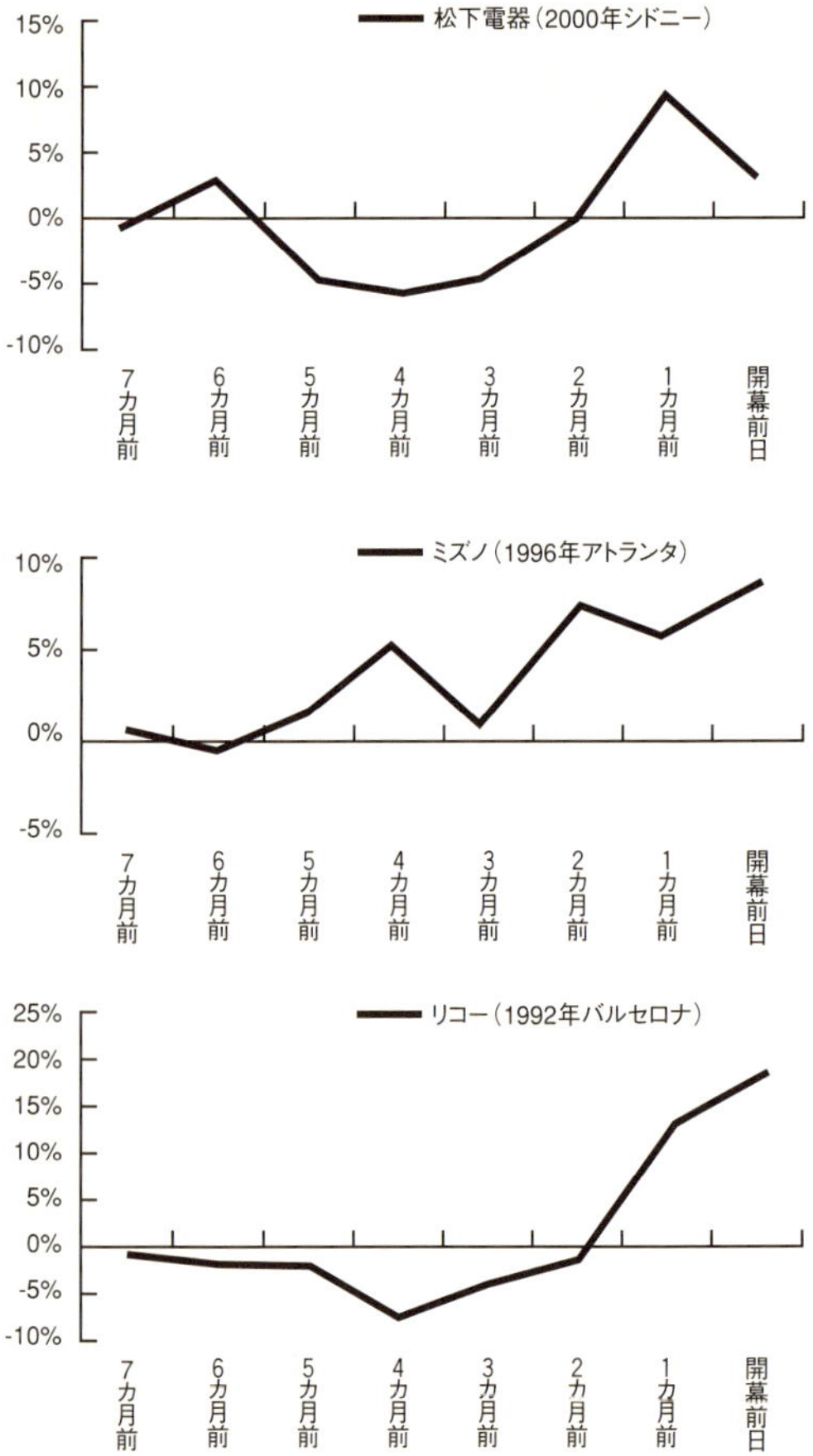

（出所）大和総研

図7-4　オリンピック関連銘柄の対TOPIX超過リターン

の対ＴＯＰＩＸ超過リターンを算出した。オリンピック開幕の前日が祝日の場合は、さらに前日を基準日とした。

その分析結果は簡単にいえば、１９９２年、２０００年の場合は開催４カ月前から、１９９６年の場合は３カ月前から上昇が見られた。よって、オリンピック開催３カ月前から投資を行った場合に好パフォーマンスが期待できるということになった。

そこで、レポート発表当時は、「今年はアテネ・オリンピックが８月13日から開催されるため、関連銘柄へ投資を行う際の開始タイミングは２００４年５月といえる」という結論を述べた。

この分析後に行われたアテネ・オリンピック関連銘柄は実際にどうだったか？

日本オリンピック委員会（ＪＯＣ）オフィシャルパートナーのトヨタ自動車はオリンピック３カ月前に３８９０円であった株価が、オリンピック開幕日（２００４年８月13日）には４１４０円となった。この間に６・43％の上昇である。トヨタ自動車と同様にＪＯＣオフィシャルパートナーの丸大食品もオリンピック３カ月前に１９９円であった株価が、オリンピック開幕日には２０８円となった。この間に４・52％の上昇である。

オリンピック３カ月前から開幕日までの期間は、米国を始めとする世界的なハイテク株調整の動きがあり、一方、国内でも参議院選挙や、４－６月期決算という買い手控え要因によって下落基調であった。更に８月に入ると米国の景気減速懸念から、米国ハイテク銘柄の業績悪化などが嫌気されて、ＮＹダウ、ＮＡＳＤＡＱが年初来安値を記録した。こうした株価が調整されるなか、日経平均では０・63％の下落であった。このため、対日経平均の超過ベースで見ると、やはりＪＯＣオフィシャルパートナーであるファーストリテイリングはオリンピック開幕直前の３カ月間で４・94％上昇した。

先の長い話になるが、２００８年８月（８〜24日）に北京オリンピックが開催される。オリンピック関連は再び注目されよう。その際、投資時期を誤らないことがポイントだろう。

第8話　宝くじ・競馬と株ではどちらが儲かるか

株はバクチ？

「株なんてバクチだ」と言う人がいる。この場合、株にせよバクチにせよ良いイメージで捉えて言っているわけではない。あてにならないもの、運まかせのもの、まっとうな人ならば関わらないほうがいいもの、という考え方が根底にあるようだ。しかし、似た点はあるにせよ、両者は異なるものである。だからこそ、お台場にカジノは立っていないが兜町には市場があるのだ。良識ある読者ならば株式市場は日本経済を支える重要なシステムであり、それが単純なバクチとは性質が異なるということは直感的にわかっていただけると思う。

　この両者の違いについてもう少し固い言葉を使って言うと、投資（investment）と投機（speculation）の違いはどこにあるのか？　という疑問になる。この疑問を、一度は持ったことがある読者は少なからずいるだろう。言葉から受けるイメージで、投資は科学的だが、投機は合理性がない行動として否定的に見られるケースが多い。しかし実際はこれらを区別する厳密な定義は無いようだ。

代表的な電子辞書である『デジタル大辞泉』を引くと「投資」とは「利益を得る目的で、事業・不動産・証券などに資金を投下すること」と広い範囲の意味が示される。一方、投機は「利益・幸運を得ようとしてする行為」となっている。『大辞林』で「投機」を引くと「偶然の利益をねらって行う行為」であった。偶然の利益を狙うというのはギャンブルの範疇である。そこで「ギャンブル」を引くと「賭け事。博打。投機」となっている。また『大辞林』では、投機について「将来の価格変動を予想して、価格差から生ずる利益を得ることを目的として行う売買取引」の意味もあるとしており、『デジタル大辞泉』も同様である。

しかし、概ね「投資」は株のほうで、「投機」はバクチの方、というイメージが世間一般のものだと思う。

資産運用の実務家はこれらの違いをどう捉えているか？　投資理論を一般の人に分か

り易く解説することで知られる山崎元氏は『山崎元のオトナのマネー運用塾』で、投資は「経済価値の生産に資金を投じている」と指摘している。経済価値の生産とは、例えば株式投資に関して言えば投資した先の企業の利益の産出のことである。一方、これに対して投機は経済価値の生産に寄与しない行為と受け取れる。これがバクチである。

宝くじと競馬と株式投資の収益性

バクチといっても、地下カジノや賭け麻雀をここでとりあげることはできない。筆者が関与を疑われることを恐れているのではなく、客観的なデータがないからだ。

そこで、ここでは宝くじや競馬と株式投資とを比較してみたい。宝くじや競馬と比べると、株式投資は平均するとリターンが大きい。だから、お金を注ぎ込むには株式投資が妥当である、という指摘をよく耳にする。実際にはどうなのか。

宝くじと言っても沢山の種類がある。大きく分けて、①全国一斉に発売される全国自治宝くじ、②東京都／関東・中部・東北自治／近畿／西日本の4つのブロックに分けられて発売されるブロック宝くじ、③地域医療等振興自治宝くじ、の3つがある。更に、全国自治宝くじには年3回の大型のジャンボと、より賞金総額を抑えて発売頻度を高め

	当選金額×当選枚数の総額	300円あたりの期待値（円）	リターン
2004年年末ジャンボ宝くじ、発売74ユニット	1,429,900,000	143.0	-52.3%
2003年年末ジャンボ宝くじ、発売72ユニット	1,429,900,000	143.0	-52.3%
2002年年末ジャンボ宝くじ、発売72ユニット	1,439,900,000	144.0	-52.0%

（出所）みずほ銀行の情報を基に大和総研作成

図8-1　宝くじの期待値とリターン

た通常宝くじ、購入者自らが数字を選択できる選択式がある。

最も注目される宝くじと言えば、前後賞合わせて最高賞金が3億円のジャンボ宝くじだろう。ジャンボ宝くじには、ドリームジャンボ、サマージャンボ、年末ジャンボの3種類がある。

２００４年の年末ジャンボ宝くじ発売に際しては、銀座の西銀座デパートチャンスセンター1番窓口前に発売開始までに約１０００人が列を作ったと報道された。ここは「大当たりの確率が高い」として名高い場所である。抽選そのものは、そこから徒歩で数分の位置にある東京・丸の内の帝国劇場で大みそかに行われた。なるほど、距離的には大当たりに近いのは間違いない。しかし、もちろんそれは実際の当選とは関係ない。そこで、２００４年までの過去3回のリターンを計算した（図8－1）。３００円あたりの期待値（円）とは、1枚３００円で購入した場合、戻ってくる金額の平均値である。大抵の場合、10枚買って３００円しか戻ってこないが、高額賞金などがあるため、平均するとこのような結果となる。

年末ジャンボ宝くじは、１９７７年よりユニット制を取り入れている。一定の発売額を１ユニットとし、予約申し込みの状況に応じて、ユニット数を増減させるものである。１ユニットごとに組番号が00～99の１００通りあり、各組について番号が１０００００～１９９９９９の10万通りある。１ユニットあたりの当選金額×枚数（当選金額、枚数は年次により異なる）を発売枚数１０００万枚（＝１００組×10万枚）で割ると、１枚３００円当たりの期待値は、１４３～１４４円となる。注ぎ込むお金に比べて、手に入るお金の期待値は半分以下のリターンである。

ちなみに作家の日垣隆氏は『世間のウソ』（新潮新書）の中で、年末ジャンボ宝くじの１等が当たる確率は０・０００００１としている。氏によれば、交通事故で１年以内に死傷する確率が０・００９２６５１なので、そちらの可能性の方が９万２６５１倍も高い、とのことである。

競馬の期待値

宝くじは運任せだが、競馬は己の読みが問われるのだ、だから一緒にするな。そういう意見もあるかとは思う。しかし、ここではあくまでも平均的なリターンを計算してみ

株式投資の期待値との比較

	売得金額合計（億円）	本数合計（万本）	賞金金額合計（億円）	100円あたりの期待値（円）	リターン
第49回有馬記念 2004/12/26	516	51564	383	74.2	-25.8%
第48回有馬記念 2003/12/28	516	51626	383	74.3	-25.7%
第47回有馬記念 2002/12/22	511	51106	378	74.0	-26.0%

（出所）JRAの情報を基に大和総研作成

図8-2　競馬の期待値とリターン

ることにする（８－２）。

年末の競馬イベントで最も注目されるものは有馬記念であろう。最も売得金額（発売金から出走取消・除外で返還となった金額を差し引いた額）が大きいレースである。第47～49回の有馬記念の期待値は勝馬投票券１枚１００円あたり約74円となった。リターンはマイナス26%程度である。宝くじよりも効率は良いだろうが、これが投資信託会社の実績だったら即潰れていることだろう。

わざわざ書くのも大人気ない話だが、宝くじにせよ競馬にせよ、大抵の人が損をして、ごく一部の人と胴元だけが得をするから成り立つ商売である。筆者の知人がパチンコ店でアルバイトをしていたときに、「先輩たちはパチンコをするんですか」と先輩店員に尋ねたことがあった。その先輩は「儲からないからやらない」と即座に言い切ったという。

さて株はバクチなのか。宝くじと競馬と株式投資のリターンの比較に入ろう（図８－３）。

株式投資については市場全体の傾向を見るため、年間のＴＯＰＩＸ（配当込み）の騰落率を示した。株式投資は２００４年は2年連続の上昇となったため、リターンはプラスである。むろん、かなり運か才能に見放されていて、次々と暴落する株ばかり買う人も中にはいるだろう。しかし数字上は、一般に言われるように株式投資が平均的に収益に繋がる傾向が大きいことが示されている。

ここまで述べたことは、細かい数字は知らずとも多くの人が知っているはずのことである。それでは何故、人は宝くじや競馬にお金を注ぎ込むのか？　自分はまず交通事故に遭わないと思っている人が、１等には当たるかもしれないと思うのか。

実は、これこそが投資と投機の違いなのだと思う。投資の世界では投資家は一般にリスク回避的な行動をとると考えられている。

一方で投機の世界は、リスク選好の人が多いのかもしれない。宝く

	宝くじ（年末ジャンボ）	競馬（有馬記念）	株価（TOPIX）
2004年のリターン	-52.3%	-25.8%	11.3%
2003年のリターン	-52.3%	-25.7%	25.2%
2002年のリターン	-52.0%	-26.0%	-17.5%

（出所）大和総研

図8-3　宝くじ、競馬、株式投資のリターン比較

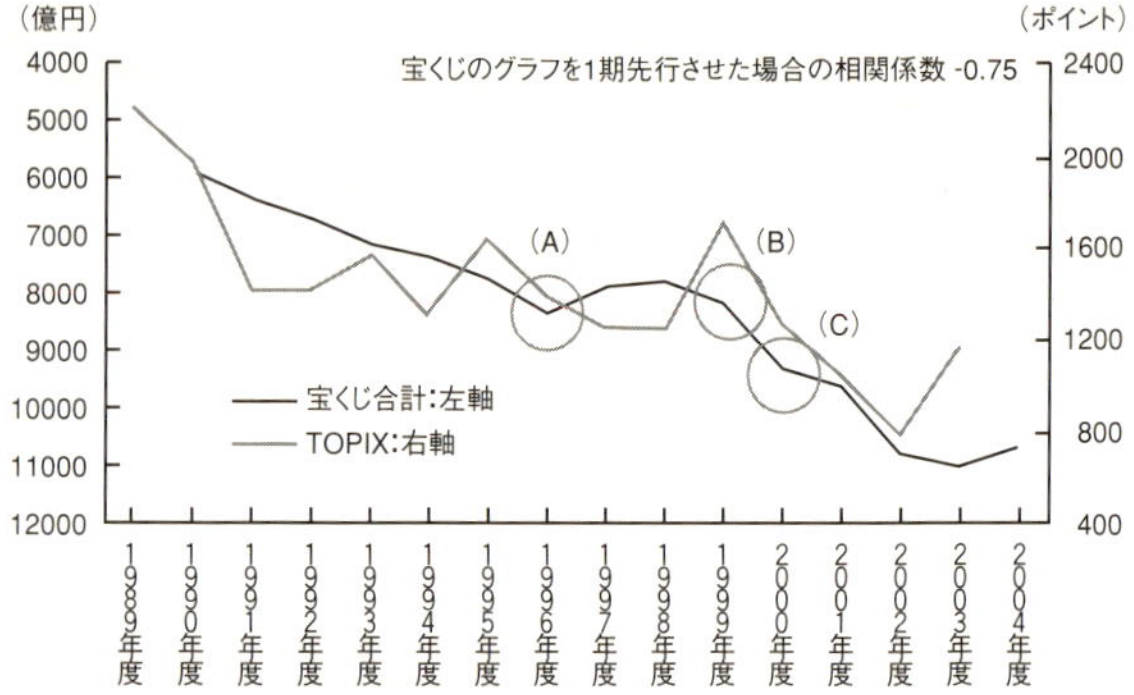

図8-4　宝くじの実績販売額の推移とTOPIX

じを1枚買ってリターンを得る確率は極め付けに低いことはわかっていながらも、万が一（実際には一千万が一）、2億円当たればと夢見るのである。

宝くじの人気は株式市場の人気と関係がある

投資と投機は異なる性格を持つことはおわかりいただけたと思う。では、その両者には何か関連はあるのか。調べてみると、実際に宝くじの人気と株価の関係は無視できないことがわかった。

図8－4は宝くじの実績販売額とTOPIXのグラフを重ねたものである。この2つのグラフの間には逆相関関係がある。1989～2003年度の両者の相関係数をとるとマイナス0・75とマイナスの相関が見られた（宝くじのグラフは1期先行させている）。従って、見易いようにグラフは左軸の宝く

じ販売額の軸は上下を反転させて作ってある。宝くじの販売額が伸びるとグラフは下がるのだが、１９９０年度以降は宝くじのグラフが下がるに連れて、株価も下落してきた。因みに株価（ＴＯＰＩＸ）は財団法人日本宝くじ協会の年度末（３月末）の値を使っている。

面白いのは宝くじの販売金額のグラフを１期先行させると、相関係数のマイナスが微妙ながら高まった点である。つまり、宝くじの販売金額が翌年の株価と連動していることだ。これは株価を予想するという点で非常に重要なことである。宝くじと株価が普通に連動しているなら、株価を予想するのに、宝くじの売り上げを予想する必要がある。これは株価を予想することと同様に難しい。しかし宝くじが先行していれば、宝くじの売り上げを見て将来の株価を予想できることになるのである。

特に、注目したい点は（Ａ）（Ｂ）（Ｃ）で示した点である。（Ａ）の１９９５年度の宝くじ（１期ずらしているのでグラフ上は１９９６年度）は、その前年度よりもグラフの下がり方が大きくなっている。つまり宝くじの販売額は前年までと比べて急上昇していることになる（実際には６０８億円の増加で、前年に比べて７・92％上昇）。一方で１９９５年度にはバブル崩壊後の低迷期を脱するかに見えた株価は、１９９６年度から、金利上昇懸念、不良債権処理問題などから再び低迷を見せた。また（B）では１９９８年度（１期ずらしているのでグラフ上は１９９９年度）のＩＴバブルで株価が上昇した場面に向けて宝くじの販売金額が伸びを見せた。

さらに、（C）で示すように１９９９年度以降の株価が再び低迷を迎える前年度（１期ずらしているのでグラフ上は２０００年度）に再び宝くじの販売が急増してグラフは低下している。

宝くじ販売と株価に相関が見られる理由には２つの要因が考えられる。１つは、宝くじの盛り上がりには現実の厳しい世界からの逃避が背後にあるからであろう。仕事が上手く行かない時に「宝くじでも当たれば、とっとと仕事をやめられるのに」と夢想した経験はないだろうか？　宝くじを買う理由は、こうした短絡的なものばかりではないだろうが「宝くじが当たれば」と考えることは、現実の世界が厳しい時ほどよくあるだろう。恋愛も仕事も順調ならば、そんな低い確率のものに夢を託さなくても生きていける。そして現実の世界が厳しいというのは景気が悪いことであるから、当然、ＴＯＰＩＸにそれは反映されている。

もう１つの理由は、第１の理由とも関わってくるが、株式への期待の高さと関連があ

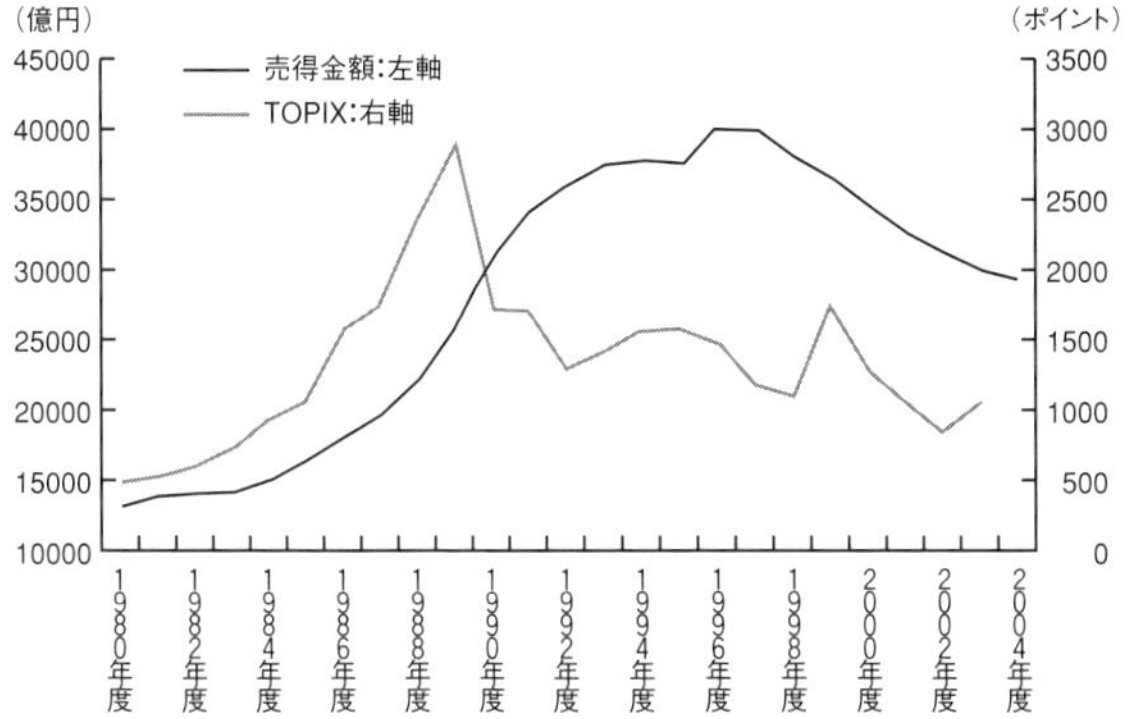

（出所）JRAの情報を基に大和総研作成

図8-5　競馬の売得金額の推移と株価

るかもしれない。現実の社会に期待が持てる環境では、投機ではなくリスク資産への投資が見直され、リスクに相当する見返り（リスクプレミアム）がそれ程大きくなくても、投資収益への期待が高まる状況となる。これが１９９９年度末までのＩＴ相場と関連したと見られる。現実のリターンの可能性が少ない投機をせずに、経済活動に繋がる投資をすることで現実のリターンを期待したのである。

競馬と株価

もう１つのギャンブルである競馬と株価の関係はどうだろうか？　実はこちらは顕著な関係は見られなかった（図８－５）。競馬の売得金額の暦年別推移は１９９７年度を境に下降を続けている。近年の競馬業界は厳しい状況にある。3連単（馬番号3連勝単式）という高額配当の仕組みを新たに設けてギャンブル性を高めるようにしたり、２００４年の競馬法改正で20歳以上の学生の勝馬投票券購入が認められるようにする（２００５年より施行）などの努力が窺える。

しかし地方競馬では、12年連続の赤字を続けた高崎競馬が２００４年末で廃止となるなど、業界の状況は厳しさを増している。元々競馬は第2次世界大戦前の富国強兵策の一環としての軍馬の育成が目的だったが、時代に伴う目的の変遷や、近年では娯楽の多様化から競馬人気が低迷している。

こうしたなか、以前は不況に強いと言われ、景気が悪い時でもリーズナブルに楽しめるギャンブルであった競馬は、景気や株価の動向との関係が小さくなってしまった。

話を元にもどして、宝くじの販売から株式市場の動向を見るにはどうすればいいか、最後に簡単にまとめておこう。次年度の株価を予想するには、その前年の宝くじの売れ行きを検討する必要がある。たとえば２００４年末の年末ジャンボの売れ行きは２１７5億円で、前年比で４・94％低下した。宝くじ人気は依然として高いが、前年比の低下は逆相関する株価に期待が持てることを示唆していることになる。

実際に２００５年度のＴＯＰＩＸは9月末現在で、年初から22・8％上昇した。２００４年の宝くじ売り上げが、余り芳しくなかったことが的確に結果に繫がった。今後、リターンを考えて非現実的な投機から、現実的な投資の魅力へと認識が更に高まることが期待できよう。確かに筆者の周りでは最近宝くじの話をする人も減ったし、昼休みにナンバーズやロト6を買って来て、外れたと愚痴を言っている人も減ったような気がするのは、株式市場への期待の裏返しなのかもしれない。

コラム⑥　長期投資は本当に儲かる?

株式投資というと、秒単位の売買で巨額のお金を動かしているというイメージがあるかもしれません。もちろんそれは間違いではないのですが、株式投資の基本は長期のバイ&ホールドと言われます。平たく言えば購入（バイ）した後に、短期的に見ると値下がりしているようでも、気にせずにじっくり持っていれば（ホールド）、長期的には値上がりするということです。少し難しい話になるかもしれませんが、株式市場だけでなく、もっと広く債券、不動産を含む資本市場全体の論理で考えれば、短期的には銀行預金や債券と異なって、リスク（つまり、値下がりする可能性）が大きい株式は、長期的にはリターンが期待されるということです。これを専門的にはリスクとリターンのトレードオフの関係と言います。

コラム②でも触れましたが、実際に長期投資で大成功を収めた投資家と言えば、ウォーレン・バフェットです。バフェットはコカ・コーラやジレットといったすぐれた経営を続けている会社に長期投資をすることで大きな利益を得ました。

一般に長期投資が良いと言われるのには、他にも重要な要因があります。それは売買コストの問題です。売買を繰り返すと、証券会社に支払う売買手数料を上回る株価の上昇がなければ、利益が得られません。それだけ、儲かるためのハードルが高くなる訳です。これらの理由から、株式は長期投資が良いという見方が多いのです。

しかし、この考えには重要な注意点があります。

最も注意しないといけないのは、損をした言い訳に使ってしまうことです。それで納得してしまうと、保有株を塩漬けにすることに繋がってしまいます。行動ファイナンスの項で述べたように、塩漬けは投資の機会損失の代表的なものです。いくらバイ＆ホールドが基本とはいえ、もっと魅力的な株式があれば、そちらに乗り換えるべきなのです。

先に述べたバフェットの投資は塩漬けを正当化するものではありません。バフェットには投資の魅力があると考える株式が値下がりしても、その会社に魅力が備わっているので、必ず上昇するだろうという信念があるのです。長期投資というキーワードで重要なことは、投資した会社に本当に魅力があるということです。投資環境が変わって、魅力がなくなってしまったら、塩漬けにしないで、魅力のある株式に乗り換える方が妥当な投資でしょう。最近はネット証券も増えており、売買手数料が大幅に低下したことも考慮すべきです。

第9話　「運動部の廃止」は企業に利益をもたらすのか

近鉄の選択は正しかったか

２００４年、プロ野球に「東北楽天ゴールデンイーグルス」という新しいチームが誕生した。シーズンに入ると久しぶりの新規参入ということや、その予想通りの見事な負けっぷりに多くの注目が集まった。少なくとも合併後のオリックス・バファローズよりもメディアの注目度が高かったことは間違いないだろう。

しかし、ゴールデンイーグルスのような新規参入の例は稀有である。企業スポーツを見ても、実際には新規参入組よりもはるかに撤退組のほうが多い。スポーツデザイン研究所の調べでは、１９９１年から２００２年までの間に、日本リーグや実業団で活躍していたトップレベルの企業チームのうち２６９が休廃部に追いやられた。これは１９９

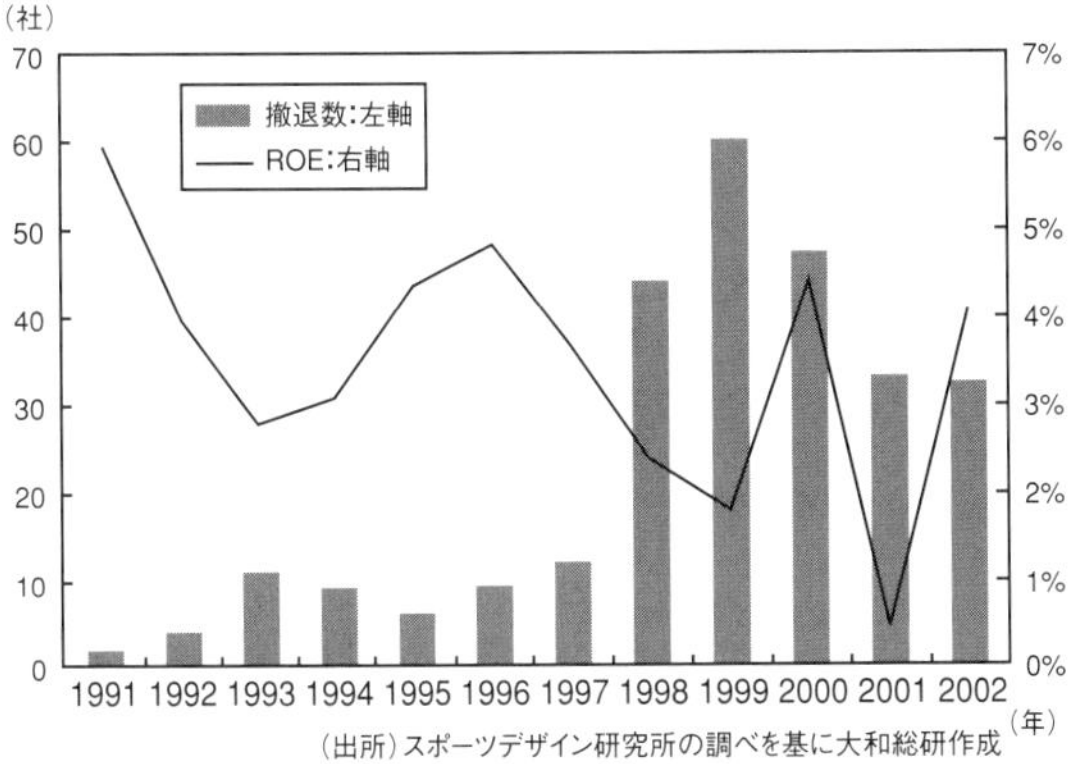

(出所)スポーツデザイン研究所の調べを基に大和総研作成

図9-1　企業スポーツチームの休廃部数と平均ROE

０年以降のバブル経済の崩壊後、会社の業績悪化に対応したリストラの一環として企業チームを廃部・活動停止としたことが背景にある。

図９－１は暦年別の企業スポーツチームの休廃部数と東証１部上場企業の平均ＲＯＥ（株主資本利益率・１４５頁参照）の推移を比較したものだ。我が国の企業経営にも株主価値最大化が根付いて、ＲＯＥ重視経営となった。このＲＯＥの水準を１９９１年度以降、年度毎に追うと、低下トレンドが見られた。特に、スポーツチームの休廃部数が最大であった１９９９年の東証１部上場企業の平均ＲＯＥは１・８％にまで低下した。こうしたＲＯＥ低下と対応したリストラの一環として企業チームの休廃部が進んだのである。

リストラのかいがあって、２００５年の東証１部上場企業の予想ＲＯＥは、９・46％（２００５年10月20日現在）まで回復した。筋肉質の経営体質に転換するという目標で、多くの企業が工場の閉鎖や人員削減を断行したため、ようやく日本企業も収益性を高めたのである。２００５年７月末現在で見ると、米国の16％には及ばないが、ドイツの10・68％に近づいている。

数字だけみると、リストラの一環である以上、企業スポーツからの撤退もやむをえないと思われるかもしれない。しかし本当にそれで良いのだろうか？　確かに短期的に業績の回復は実現できるだろう。しかし企業の本来あるべき姿や、長期的な発展を考えると企業スポーツチームの撤退が必ずしも良い流れとは言えないのではないか。

近年、企業の社会的責任（ＣＳＲ）への関心が高まっていることはこれまでにも繰り返し述べてきたとおりである。ところが、これまで企業スポーツはＣＳＲの枠組みでの議論がなされてこなかったと考えられる。これはスポーツ自体が、環境や雇用という切実な問題と並列して取り上げられなかったからだろう。

しかし、企業スポーツの衰退は我が国のスポーツ資源の育成の機会を失わせる大きな問題である。そしてトップの人材を育成するということから離れても、企業がクラブ活動から撤退することは、福利厚生面での低下を意味するだろう。

企業がスポーツから撤退することは、本当に経営評価や市場評価を向上させることに繋がったのか検討してみよう。

企業スポーツとは何か

ここで、まず企業スポーツの定義をしておこう。そうしないと、会社の屋上でのバレーボールまで含まれてしまいかねない。アマチュア（以下、アマと記す）には以下のような意味が含まれている。スポーツでのアマは「スポーツを職業としないで、なおかつ報酬を受け取っていない人」の事を指す。プロはスポーツをすることや、その成果から報酬を受け取るが、アマはスポーツ自体から報酬を受けるのではなく、別途所属する企業の業務の成果から報酬を受けるのである。

日本におけるアマの代表が学校スポーツと企業スポーツである。学校スポーツは、教育の一環との考えから文部科学省の管轄に置かれている。企業スポーツは、元来は社員・職員の福利厚生と健康増進を目的とし、それにより業績の向上と社内の融和を担ってきた。その後、マスメディアの発達により宣伝効果が期待されるようになっている。

女子マラソンの松野明美選手がゼッケンに企業名をつけていたことで、九州の一部の人以外はほとんど知らなかった「ニコニコドー」という百貨店は一躍全国区の知名度を得た。また、ヤクルト、阪神などで監督として腕を振るった野村克也氏が監督に就任したことで、「シダックス」についての報道が飛躍的に増加したことも記憶に新しいところである。

この野村氏の例でもわかるとおり、現代はプロとアマの垣根が曖昧になってきた。スポーツから報酬を受け取らないのがアマであるが、スポーツに集中できる環境でなければ、競技に勝つことが困難となり、企業の宣伝効果への寄与が難しくなる。このため、企業はチームとしてはアマであるが、個人としてはプロの契約を結ぶ形態を取るなど、仕組みが複雑化している。

ところで、スポーツ資源の育成（つまり選手やスポーツそのものを成長させていくこと）には、企業スポーツではなくプロ化をすれば良いという考えもあるだろう。プロ化によりスポーツに打ち込む環境が得られることで、選手の能力が向上すると考えられるからだ。しかし、プロスポーツのビジネスが我が国で難しいことはプロ野球が示している。サッカーのJリーグも成功していると言われるものの、未だ発展段階にある。

筆者の考えであるが、我が国ではプロスポーツ経営は難しい面が多い。一方、欧米ではプロスポーツが盛んである。そのひとつの理由としては、選手の技術に対する尊敬の念が、欧米では我が国と比べて強いことが背景にあるだろう。

高い技術を有する人は、芸術やスポーツの分野を問わず敬われる。ところが日本では、こうした考えが欧米ほど強くないため、スポーツの高い技術に対する尊敬や注目度が相対的に低い。以前よりは、そういうこともなくなっているはずだ、という方もいらっしゃるだろう。しかし、「たかが」スポーツという感覚の人がいまだに多いことは、先のプロ野球の合併騒動の際に明らかになった。実際にプロ球団を所有している側の人たちにもそういう意識があったのだから。

こうしたなか、今後の我が国のスポーツの発展において、企業スポーツの果たす役割は大きいと考える。

我が国における企業スポーツの流れ

我が国における企業スポーツの流れは、図9－2に集約される。

1945年の敗戦とともに、我が国の企業スポーツはアメリカ流のレクリエーション

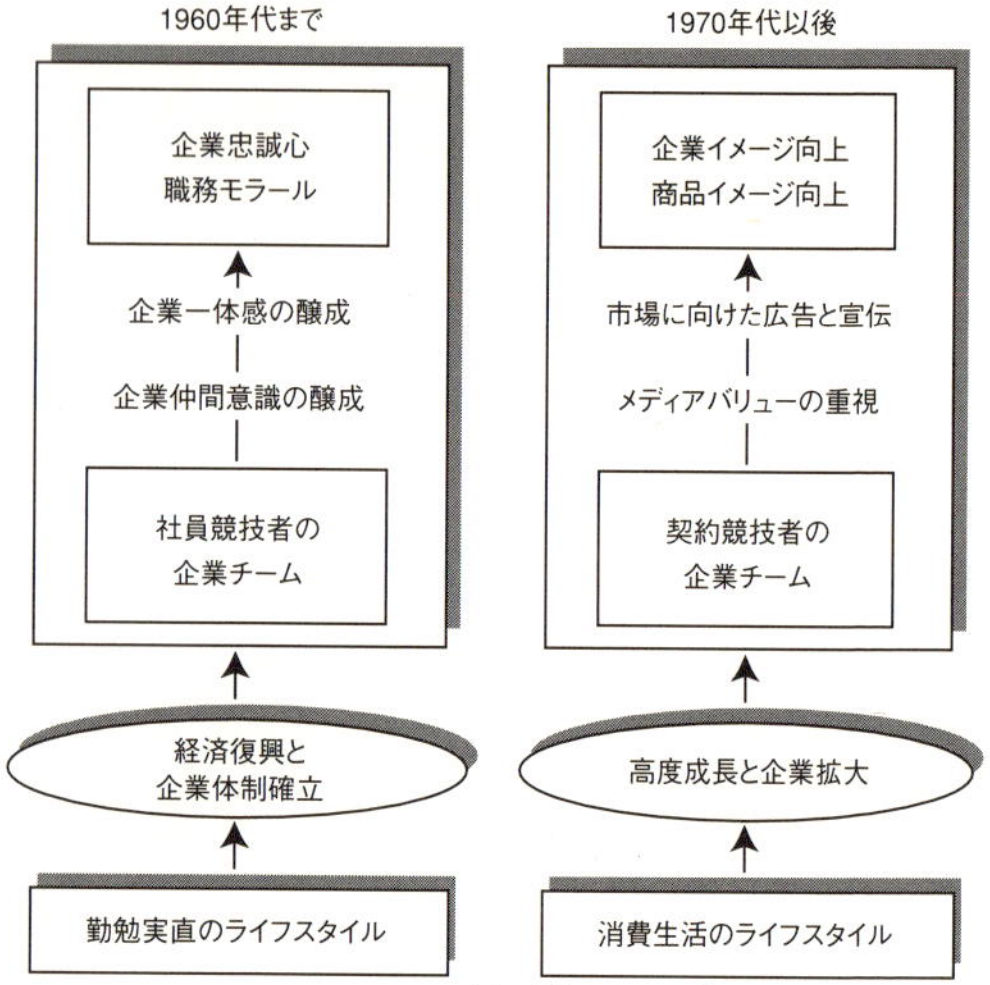

（出所）佐伯年詩雄『現代企業スポーツ論』

図9-2　企業スポーツにおけるメリットの変容

思想を基に再生され、１９４６年には都市対抗野球が再開された。また、職場におけるスポーツが人々の交流の場として発展してきた。こうした流れのなかで実業団スポーツが活況を呈した。

　典型例が、女子バレーボールである。昭和20年代後半から30年代にかけて、戦後の経済復興を先導した繊維産業は、安価な賃金労働力の集約が必要であった。この供給源は女子であったが、労働力確保という目的の下で繊維産業が職場における仕事の健全さを世間に向けてアピールする必要があった。そこで、繊維企業が女子スポーツに注目し、力を注いだ背景がある。

こうした傾向は図9－2の左側の部分で表されている。

一方、昭和40年代から50年代にかけて、企業スポーツはテレビ時代における広告・宣伝媒体としての価値が高まった。

競技力の向上を目指す企業スポーツチームは、次第に企業の業務と関わりのない競技者が中心となり、完全に専門化した営みになっていくのである。いわゆるプロに近い存在となっていく。この傾向が図9－2の右側の部分である。

ところが、この傾向からは問題が生じてくる。そもそも、企業スポーツには従業員の福利厚生の目的があった。しかし、近年は従業員と離れた一部の競技者のみが対象となった。しかも、競技に勝利しないと広告・宣伝媒体としての意味を失ってしまう。従って、企業はスポーツ支援による広告・宣伝とは別のスポンサー活動の方が容易と考え始めたのである。

企業スポーツはどこへ行く

佐伯年詩雄氏は『現代企業スポーツ論』において、経営資源としての企業スポーツの可能性として以下の4つのポイントを指摘している。

第1に、成熟志向の経営政策と企業スポーツの可能性である。企業スポーツは、従業員による企業内文化活動が単なる旧来型福利厚生的意義を超えて、その文化力を高品位化する新たな経営戦略資源として評価されることとなり、その重要な位置を占めると指摘する。

第2に、企業ブランドの形成と企業スポーツの可能性である。企業ブランドの形成には、商品ブランド重視から企業そのものをブランド化する戦略を取るように求められることになろう。ここに企業スポーツが重要な役割を担うというのである。

第3に、企業プライドの形成と企業スポーツの可能性である。有能な従業員の確保や仕事へのモチベーションに関しては、従来型の企業への忠誠心とは異なり、企業活動への誇り、つまり企業の「プライド」に支えられねばならない。企業スポーツは、新たな社内求心力の開発という経営課題に対して、企業プライドの形成を通じて大きく貢献する可能性を有すると指摘する。

第4に、企業市民性の成熟と企業スポーツの可能性である。企業スポーツには、企業を市民社会・地域に開く、まさに企業の窓になることが望まれるというのである。

近年、企業ブランドが重視されている。２番目にあげた、企業ブランドの形成には企業スポーツ資源の活用が重要になるであろう。スポーツの持つ健康やクリーンのイメージが企業のブランド形成に多いに役立つと筆者は考える。また、企業経営にＣＳＲが重視されるなかで、企業スポーツを従業員の福利厚生の意味で活用するなど、資源として重視すべきであろう。

分析対象として取り上げたスポーツ

さて、このように企業スポーツの効能を述べたところで、次のような反論は免れない。

「そりゃあ、うちだって伝統あるチームを持ったままでいたいですよ。でも、現に各部署でリストラを進めているのに、バレー部だけ存続ってわけにはいかないでしょう。だって、バレー部は何も生産していないし、利益もあげていない。宣伝効果だってしれているじゃないですか」

そこで、企業スポーツの重要性を踏まえた上で、本項では企業スポーツ関連企業の株式パフォーマンスを観察した。資本市場での評価がどうなっているかを見たのである。

企業スポーツに関連する企業というと幅広い。ここでは野球（男子）、サッカー（男女）、ラグビー（男子）、バスケットボール（男子）、バレーボール（男女）に対象を絞った。企業スポーツ（プロではない）競技を対象とする。これ以外にも、陸上や女子バスケットボール等の多くの企業スポーツが存在するだろう。しかし本調査では、データ取得の問題や上場企業がある程度は含まれる必要性があること等から、以上の企業スポーツに絞った次第である。

　またこれに加えて、分析対象には「スポーツ振興基金に支援をした企業」も含めた。スポーツ振興基金には、我が国の国際的な競技水準の向上を期して、選手や指導者が安んじてスポーツ活動に打ち込めるようにするとともに、スポーツの裾野を拡大するための施策を講ずるという目的がある。政府は１９９０年度補正予算から２５０億円を出資し、独立行政法人日本スポーツ振興センターの前身である日本体育・学校健康センターにスポーツ振興基金を設立した。これに、民間からの寄付金約44億円を合わせて基金の拡充を図り、合計約２９４億円を原資に、その運用益等により、スポーツ団体、選手・指導者等が行う各種スポーツ活動に対して助成金の交付を行っている。

　つまりこの基金を支援した企業は企業名を冠したチームなどを持って、直接的に企業スポーツを行う企業ではないが、間接的にスポーツの発展に寄与する意図を持っているとみなされる。

分析にあたっては、１９９５年５月〜２００５年５月の10年間を対象にした。スポーツ関連企業としてとりあげたのは、スポーツ振興基金に支援をした企業の他、次の運動部を持っている企業である。①野球（日本野球連盟に会社として登録している上場企業）、②サッカー（日本フットボールリーグ、Ｌリーグに登録している上場企業）、③ラグビー（日本ラグビーフットボール協会トップリーグ、イースト10、関東社会人１〜３部、関西トップリーグ、関西トップウェスト１〜３に登録している上場企業）、④バスケットボール（ＪＢＬスーパ

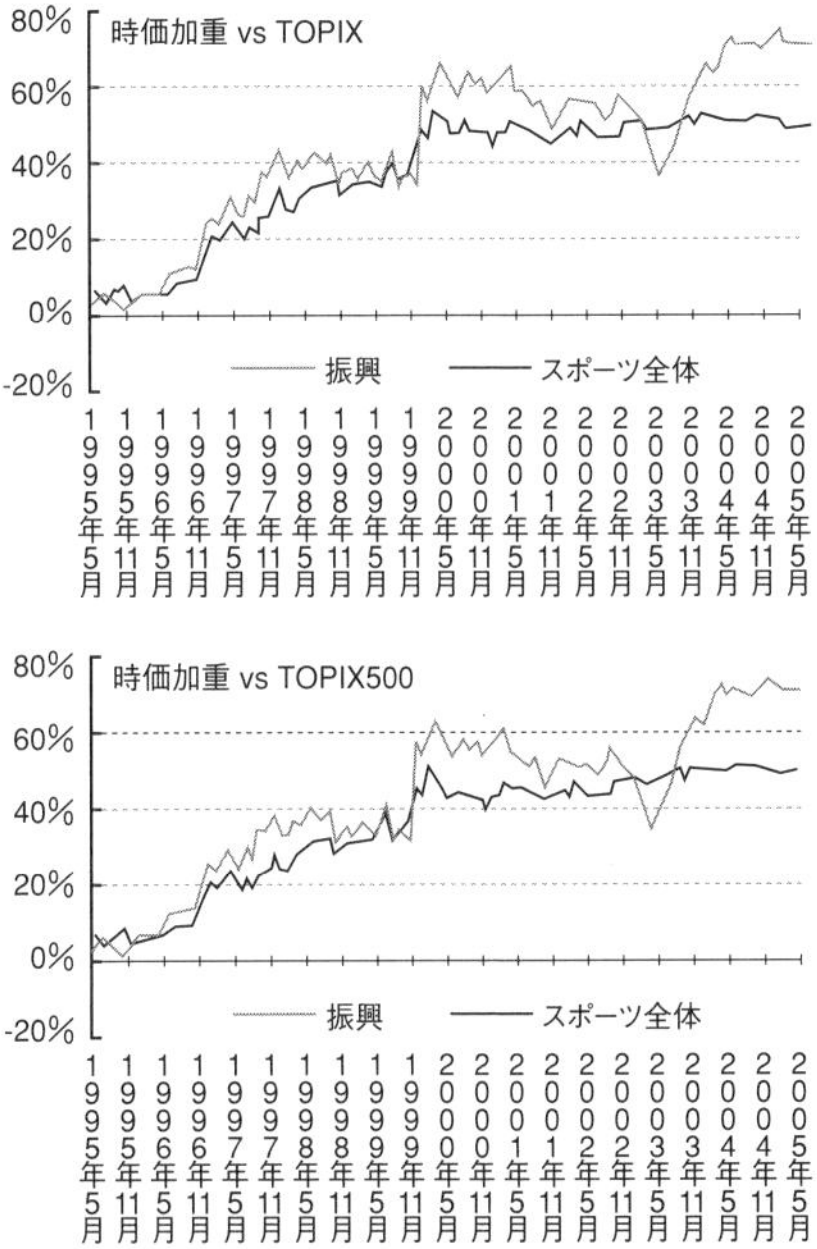

図9-3　スポーツに熱心な企業の株式パフォーマンス

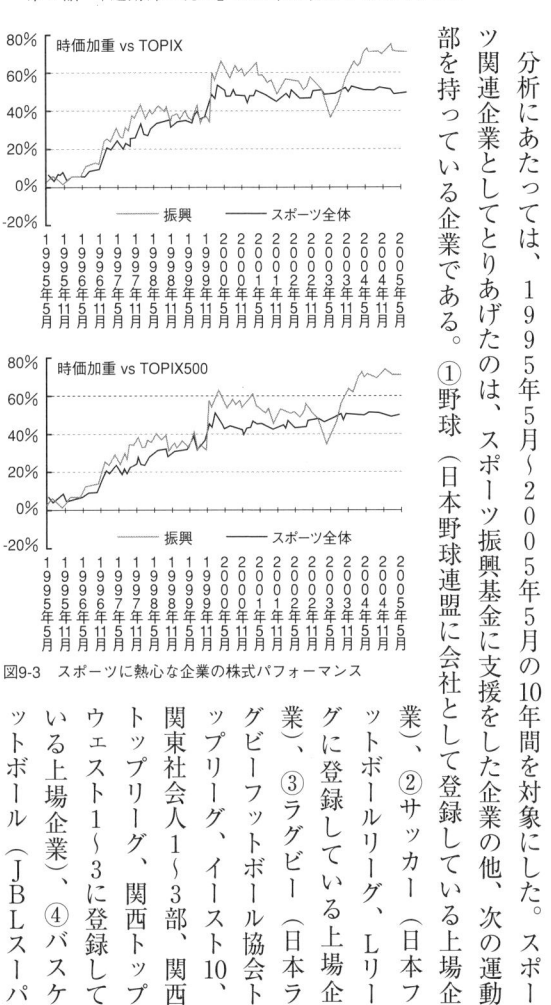

時価加重（vs TOPIX）	1995年6月-1996年5月	1996年6月-1997年5月	1997年6月-1998年5月	1998年6月-1999年5月	1999年6月-2000年5月	2000年6月-2001年5月	2001年6月-2002年5月	2002年6月-2003年5月	2003年6月-2004年5月	2004年6月-2005年5月	過去3年	過去5年	過去10年
振興	5.64%	19.73%	14.01%	-5.26%	26.44%	-3.04%	-3.21%	-16.82%	33.06%	0.17%	5.47%	2.03%	7.07%
スポーツ全体	3.57%	16.85%	10.75%	1.79%	14.10%	1.41%	-1.68%	1.56%	1.85%	-0.88%	0.84%	0.45%	4.93%

時価加重（vs TOPIX500）	1995年6月-1996年5月	1996年6月-1997年5月	1997年6月-1998年5月	1998年6月-1999年5月	1999年6月-2000年5月	2000年6月-2001年5月	2001年6月-2002年5月	2002年6月-2003年5月	2003年6月-2004年5月	2004年6月-2005年5月	過去3年	過去5年	過去10年
振興	6.65%	17.13%	11.92%	-4.25%	24.23%	-2.49%	-2.80%	-14.85%	33.62%	1.41%	6.72%	2.98%	7.06%
スポーツ全体	4.59%	14.26%	8.66%	2.80%	11.88%	1.95%	-1.27%	3.53%	2.40%	0.36%	2.10%	1.39%	4.92%

（出所）大和総研

図9-4　スポーツに熱心な企業の1年毎の平均超過リターン

ーリーグ、ＪＢＬ日本リーグに登録している上場企業）、⑤バレーボール（Ｖリーグに登録している上場企業）。いずれも２００５年５月末時点で登録している上場企業を対象とした。

　これらの分析の対象とした企業の時価が１９９５年５月以降、どのように動いたか。ＴＯＰＩＸ、ＴＯＰＩＸ５００と比較して、その超過リターンを示したのが図９－３である。これがプラスならばそれぞれがＴＯＰＩＸ、ＴＯＰＩＸ５００を上回っていることになる。

　また１年ごとの平均超過リターン（年率）を表に示している（図９－４）。また図９－５にはＲＯＥ平均値の推移を示した。月次で各対象企業の実績ＲＯＥ（連結優先）の平均値を算出し、更に毎年５月末までの12カ月平均を示した。

　この分析の結果、次のようなことがわかった。

①スポーツ振興基金支援企業（図９－３～図９－５内では、

「振興」としている）、企業スポーツ全体ともにベンチマークであるTOPIX、TOPIX500を上回り、長期的な株式パフォーマンスは良好である。

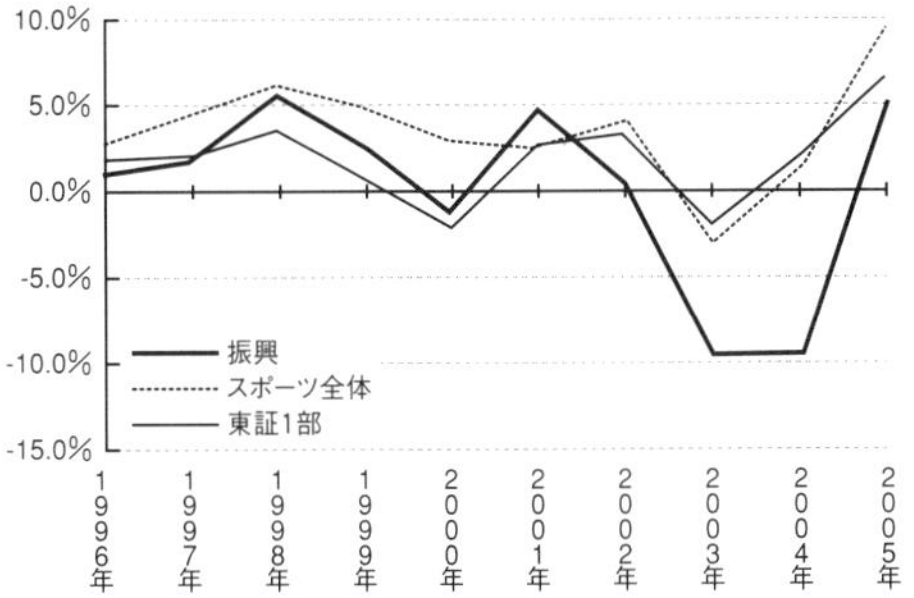

実績ROE	1995年6月-1996年5月	1996年6月-1997年5月	1997年6月-1998年5月	1998年6月-1999年5月	1999年6月-2000年5月
振興	0.9%	1.6%	5.6%	2.4%	-1.3%
スポーツ全体	2.6%	4.4%	6.2%	4.8%	2.9%
東証1部	1.8%	2.1%	3.5%	0.6%	-2.1%

実績ROE	2000年6月-2001年5月	2001年6月-2002年5月	2002年6月-2003年5月	2003年6月-2004年5月	2004年6月-2005年5月
振興	4.6%	0.4%	-9.6%	-9.6%	4.8%
スポーツ全体	2.4%	3.8%	-3.0%	1.5%	9.0%
東証1部	2.5%	3.3%	-2.1%	1.8%	6.5%

（出所）大和総研

図9-5　スポーツに熱心な企業の平均実績ROEの推移

②ただし、1999年までと比べて2000年以降の株式パフォーマンスの伸びは鈍化している。これは図9－1で示した企業スポーツチームの休廃部の動きと関連があると見られる。つまり、企業スポーツを存続させている企業についても、企業を取り巻く収益環境は楽なものではないことを示しているのではないだろうか。

③スポーツ振興基金支援企業については、分析対象となる企業数が少ないことや、業種の偏りが大

きいことから、企業スポーツ全体と比べると株式パフォーマンスの変動が大きい。

④ROEは東証1部上場企業と比べて、特に2000年5月までの1年間の改善幅が大きい点が注目できる。

撤退組の株式パフォーマンス

また、対照的に企業スポーツから撤退した主な企業の株式パフォーマンスについても分析した。ここでは、『スポーツ白書2010』(笹川スポーツ財団)の調べによる2004年までの撤退企業を対象とした。

分析方法は以下の通りである。1994〜1999年の間に企業スポーツから撤退し、2005年5月末時点で上場している企業を取り上げた。対象スポーツは野球、サッカー、ラグビー、バスケットボール、バレーボール、陸上、テニス、スキー、卓球、アイスホッケー、アメリカンフットボール、ハンドボール、ソフトボールである。

比較対象は東証1部単純平均とし、企業スポーツから撤退した年を基準年として、前後7年の年次リターン(前年末〜当年末)を算出し、同期間の対ベンチマーク超過リターンを求め、撤退企業全体の単純平均超過リターンを累積し、基準年の年末を0として

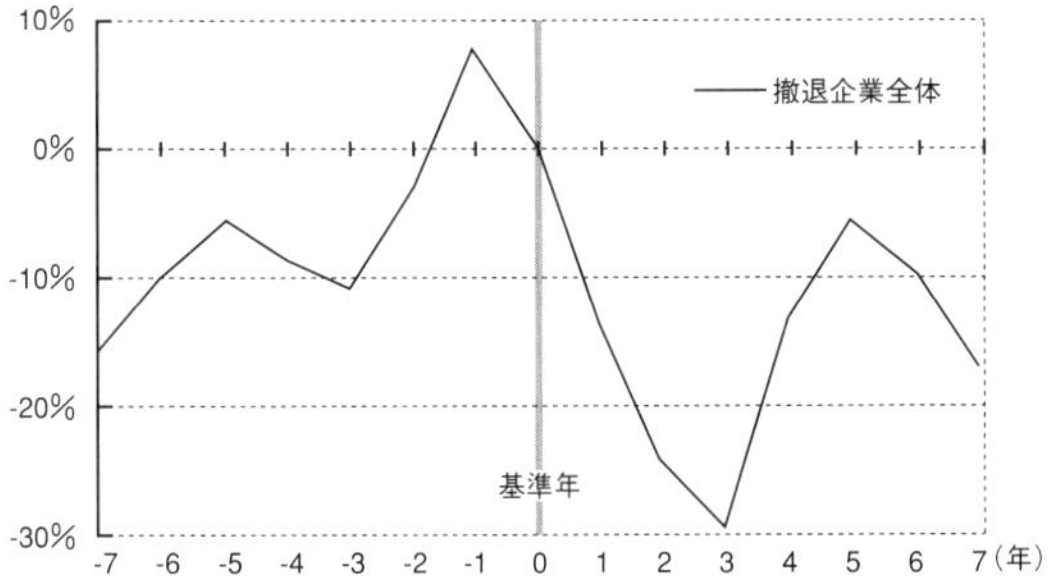

	7年前～基準年	6年前～基準年	5年前～基準年	4年前～基準年	3年前～基準年	2年前～基準年	1年前～基準年
撤退企業全体	15.77%	9.82%	5.40%	8.58%	10.53%	3.19%	-7.65%

	基準年～1年後	基準年～2年後	基準年～3年後	基準年～4年後	基準年～5年後	基準年～6年後	基準年～7年後
撤退企業全体	-13.51%	-24.05%	-29.34%	-13.11%	-5.69%	-9.76%	-16.82%

（出所）大和総研

図9-6　撤退企業の株式パフォーマンス

株式パフォーマンスを見た（図9―6）。

また毎年6月末時点で公表されている前期決算情報から実績ROE（連結優先）を算出し、これを当年のROEとした。撤退企業のROE中央値の推移を見た（図9―7）。例えば、1999年に企業スポーツから撤退した場合の基準年は1999年、その基準年のROEは前期1998年度の決算情報とした。これは前期の業績悪化を受けて、撤退を決めたと考えるのが妥当と判断したためである。

分析の結果は以下の通りとなった。

①企業スポーツから撤退した年から株

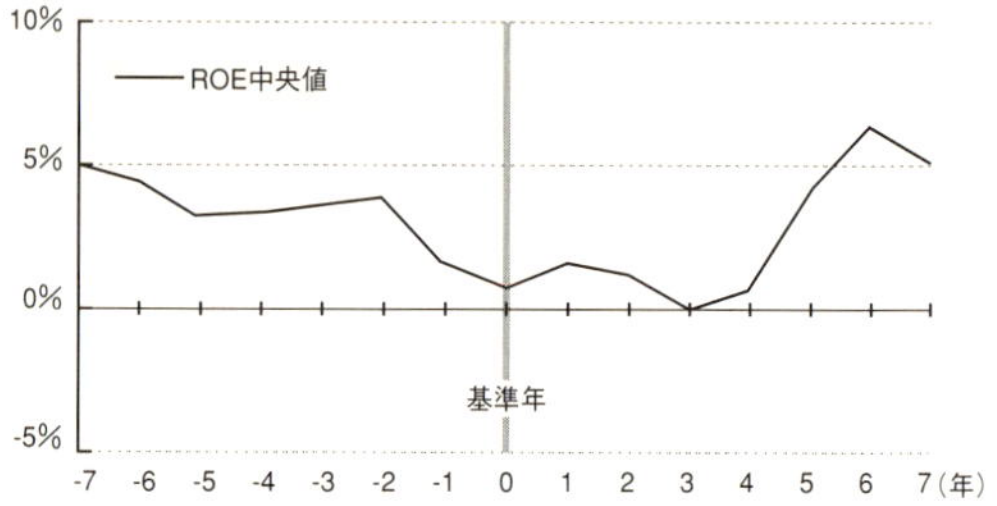

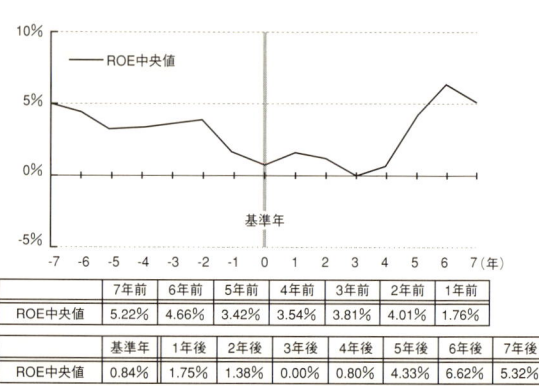

	7年前	6年前	5年前	4年前	3年前	2年前	1年前
ROE中央値	5.22%	4.66%	3.42%	3.54%	3.81%	4.01%	1.76%

	基準年	1年後	2年後	3年後	4年後	5年後	6年後	7年後
ROE中央値	0.84%	1.75%	1.38%	0.00%	0.80%	4.33%	6.62%	5.32%

(出所)大和総研

図9-7　撤退企業のROEの推移

式パフォーマンスは急速に悪化している。これは、撤退企業がリストラの必要性を迫られていたため、業績も決して良い内容ではなく、株式市場でもネガティブに評価されていたことを意味しているのだろう。

②撤退後は一時、改善を示すものの、6年後以降は再び株式パフォーマンスは低下していることから、中長期的な改善には必ずしも繋がっていないようである。

③ROEについては、基準年がそれぞれの企業で異なるため、ベンチマークとの比較がしにくい。全般的には撤退してから3年後まで、ROEは低下トレンドとなっている。ただ、4年後から改善に向かっている点では、リストラ効果が現れ始めたと言えよう。ただ、7年後に再

び鈍化しており、分析期間の関係から長期的な効果に繋がるかどうかについては現状では判断し難い。

ここから、「企業スポーツから撤退するのは短期的にはプラスかもしれないが、長期的にはやはりマイナスになるのだ」と結論付けるのは性急に過ぎるだろう。そこで、今度は企業スポーツを続けている企業と撤退した企業の比較をしてみよう。

分析方法は以下の通りである。期間は１９９５年５月末～２００５年５月末で、この項で取り上げたスポーツ存続組と撤退組を比較した（図９－８）。具体的には過去10年の株式パフォーマンスを比較して、ユニバース単純平均の累積超過リターンを示した。

その結果、以下のことがわかった。

①撤退組は東証１部平均を挟む上下で推移している。つまり平均と大差のない動きである。

②存続組は１９９９年までの伸びが大きかった。

③ただし、近年はいずれも横ばいで優劣はつけがたい。

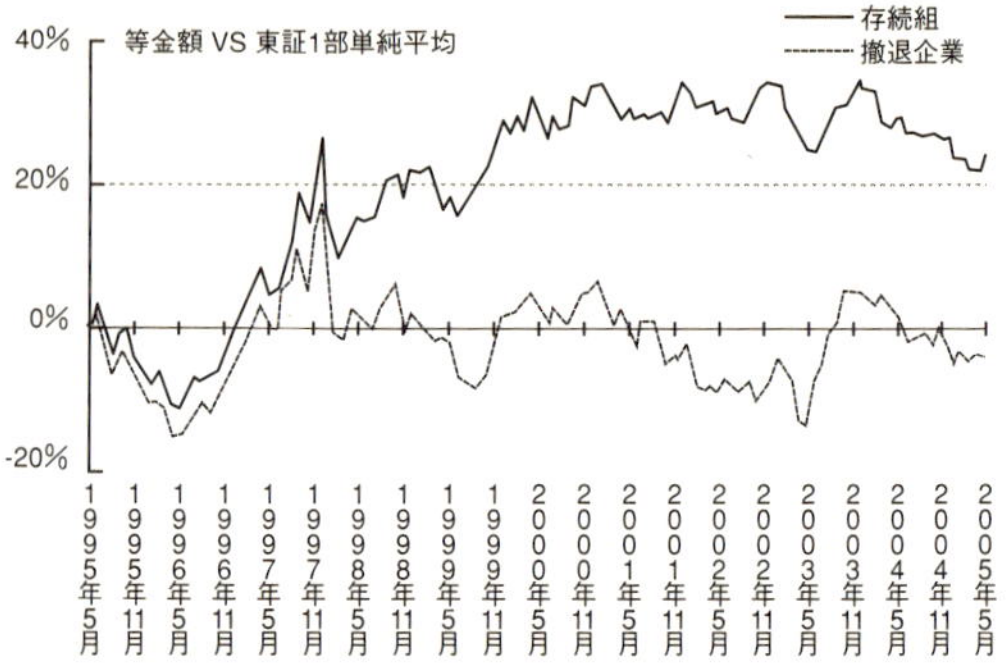

等金額 (vs 東証1部単純平均)	1996年5月	1997年5月	1998年5月	1999年5月	2000年5月	2001年5月	2002年5月	2003年5月	2004年5月	2005年5月
存続組	-11.28%	4.75%	15.60%	18.13%	30.56%	30.70%	30.42%	25.20%	29.51%	24.26%
撤退企業	-16.87%	0.65%	3.78%	0.09%	6.87%	3.65%	-6.14%	-10.54%	5.91%	0.28%
累積スプレッドリターン	5.59%	4.11%	11.82%	18.04%	23.68%	27.05%	36.56%	35.75%	23.60%	23.97%

（出所）大和総研

図9-8　企業スポーツ存続組と撤退企業平均の株式パフォーマンス比較

ここで終えると、何の傾向もないではないか、とのお叱りを受けるかもしれない。そこでさらに、同一業種で企業スポーツから撤退した企業と存続させている例で分析をしてみた。対象はラグビーである。１９９８年にラグビー社会人リーグに不参加を決定した日新製鋼と、現在も活動を続けている神戸製鋼所とを１９９５年５月末～２００５年５月末（月次）で比較してみた。

１９９５年５月末からの両社の累積リターン（期間内にどれだけ株価が動いたか）を図９－９のグラフで示した。また、撤退した年月を基準として、基準月から

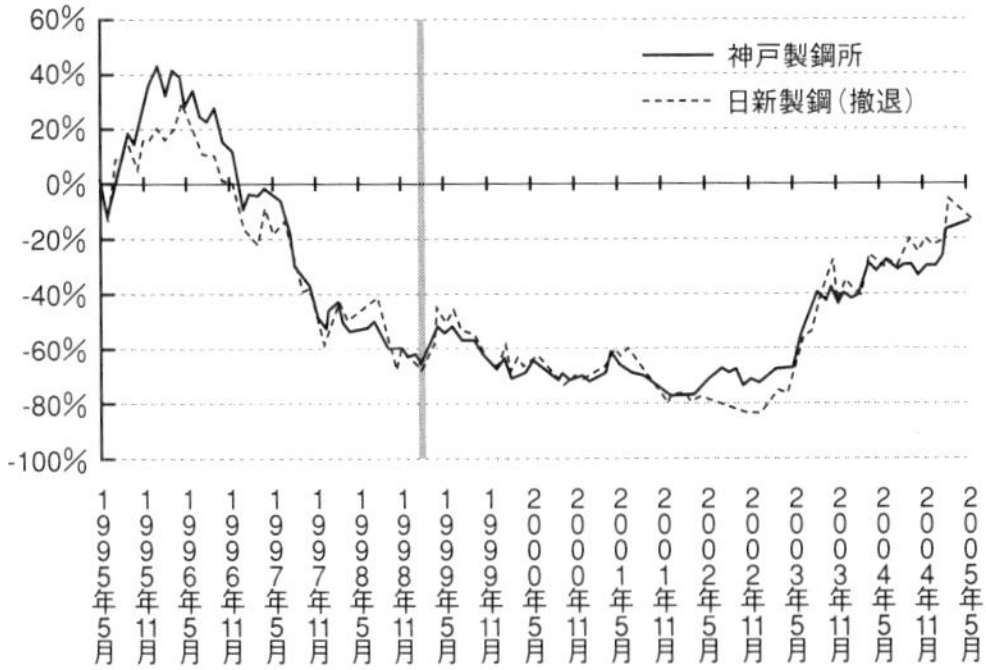

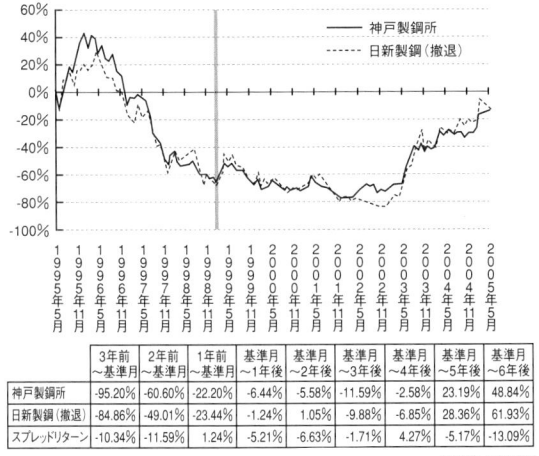

	3年前～基準月	2年前～基準月	1年前～基準月	基準月～1年後	基準月～2年後	基準月～3年後	基準月～4年後	基準月～5年後	基準月～6年後
神戸製鋼所	-95.20%	-60.60%	-22.20%	-6.44%	-5.58%	-11.59%	-2.58%	23.19%	48.84%
日新製鋼（撤退）	-84.86%	-49.01%	-23.44%	-1.24%	1.05%	-9.88%	-6.85%	28.36%	61.93%
スプレッドリターン	-10.34%	-11.59%	1.24%	-5.21%	-6.63%	-1.71%	4.27%	-5.17%	-13.09%

（出所）大和総研

図9-9　撤退した企業（日新製鋼）と撤退していない企業（神戸製鋼所）の株式パフォーマンス比較

3年前～6年後の累積リターンを表に示した。さらに、毎年6月末時点で公表されている前期決算情報から実績ROE（連結優先）を算出し、図9－10に示した。1999年の数値は1999年6月時点すなわち1998年度の実績ROEである。但し、2005年については5月末時点における実績ROEを示した。

神戸製鋼ラグビー部存続の意義

1990年代後半の鉄鋼業界は、国内外ともに販売価格が長期的に低迷しており、出荷減少による在庫増加という悪循環期にあった。鉄鋼各社はリス

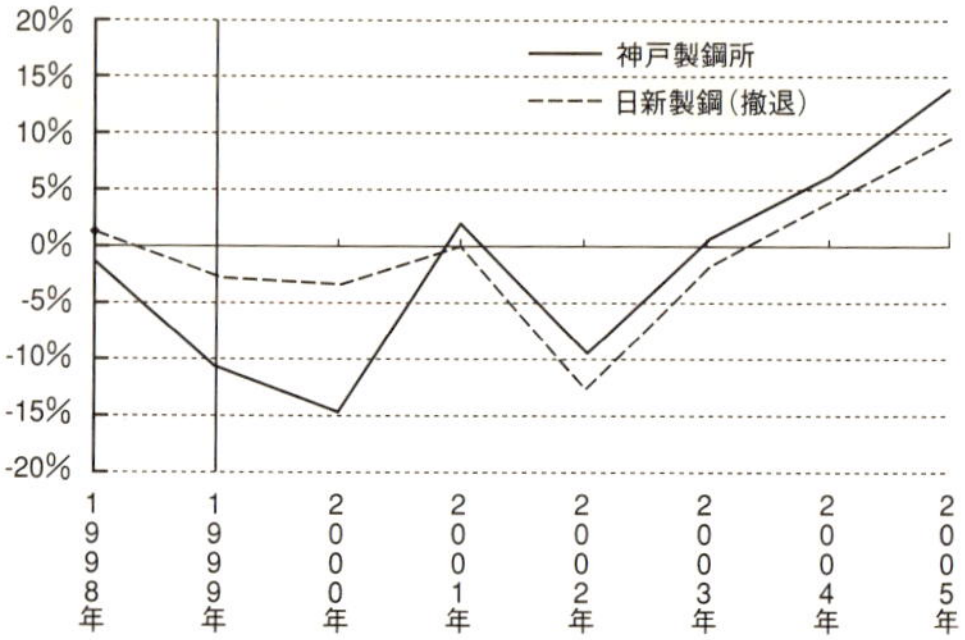

実績ROE	1998年	1999年	2000年	2001年	2002年	2003年	2004年	2005年
神戸製鋼所	-1.2%	-10.2%	-14.5%	2.1%	-9.1%	0.6%	6.4%	13.7%
日新製鋼（撤退）	1.4%	-2.2%	-2.7%	0.3%	-12.2%	-0.3%	4.3%	9.6%

（出所）大和総研

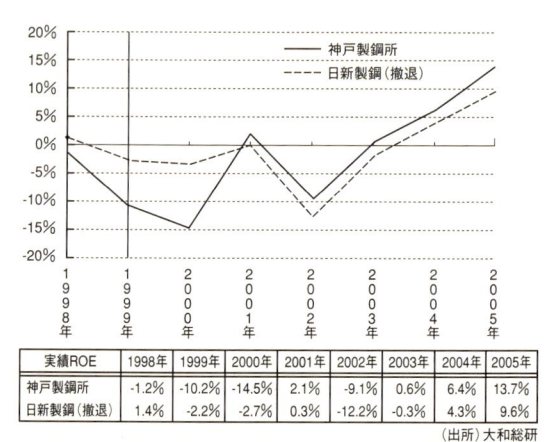

図9-10　撤退した企業（日新鉄鋼）と撤退していない企業（神戸製鋼所）のROE比較

トラを進展させ、コスト削減で収益を確保しなければならない厳しい環境下に置かれていた。日新製鋼も１９９８年12月にラグビー部のリーグ撤退を決定し、翌１９９９年２月には廃部するに至った。

しかし、分析の結果から注目されるポイントは図９－10のＲＯＥの推移に顕著に表れている。確かに２０００年までの実績ＲＯＥは神戸製鋼所のマイナスが大きい一方、日新製鋼は小幅に留まった。しかし以後は神戸製鋼所が逆転している。

業界を取り巻く環境の相違があるため一概には言えないが、企業スポーツから撤退する等のリストラは一時的には業績を回復させる可能性が高い。ただ、長期的な企業業績の回復となると別の要因が大きいだろう。

運動部はお荷物ではない

企業スポーツに関連する企業の抽出等が難しいため、本項の分析結果が絶対的なものとは言い切れない。しかし、分析結果からは、企業スポーツからの撤退は一時的な業績の回復に繋がるものの、長期的な企業の評価には繋がらない可能性があることが指摘できる。

結論としてはスポーツから撤退した企業のＲＯＥは4～5年後に低下する恐れがある。逆に「踏みとどまった」企業は長期的に見ると、その後回復することもあるということになる。

むろん企業スポーツを存続させられる企業は、もともと経営体力に余裕があるのだ、という考え方もあるだろう。つまり、企業スポーツを続けたから、長期的な資本市場の評価が高まったということではなく、企業スポーツを続けられる体力があったため、それが資本市場での長期的な評価に繋がった可能性がある。

ただ、何《いず》れにせよ企業スポーツを持続しているという属性を有する企業は、経営体力がある（またはそういう印象を与える）ことは確かである。そして自社のブランド形成に積極的であることを表象しているのも間違いない。少なくとも廃部、撤退が業績の好転につながるという単純なものではないようである。

そして、「企業プライド」という言葉もキーワードとなるだろう。これまでは、良い大学を卒業して、一流企業に入社するというのがエリートと呼ばれる人種の目標とされてきたし、高い競争率を突破して、大企業に入社すると、その「企業の従業員である」ことに誇りをもってきた。しかし、近年はこうした誇りが失われている。通勤電車でもスーツに社員バッジをつけている人が減っている。こうした誇りが失われると、従業員の倫理観が低下する。この会社に勤めているのだから、そんな下品なことはできない、ということが無くなると、モラルの破壊に繋がってしまう。そこで企業プライドを形成することが企業経営で必要とされている。企業スポーツは企業の表象であり、企業プライドの形成のうえで重要な意味を持つだろう。

お荷物だと思っていたものが、実は意外な価値があった。そんなこともあるのではないだろうか。企業スポーツを見直す必要があるだろう。

コラム⑦　ＲＯＥとは何か

企業は株主のもので、経営は株主重視で行われなければならないとの考えがあります。この行き過ぎが株主のみを大切にすればよい、という考えになっていました。近年はこの考えには批判が多く、ＣＳＲの考え方が登場しました。

それでも企業経営では株主価値最大化を意識する必要があることは、反論できないでしょう。そして株主価値を測る指標がＲＯＥです。ＲＯＥは株主に帰属する利益、つまり税引利益を株主が投下した資本である自己資本で割ることで算出します。税引利益÷自己資本です。分母で株主が投下した資本を考えて、それに対して分子の利益をどれだけ生むことが出来たかを見るものです。

ＲＯＥとは自己資本として企業が株主からお金を集めて、企業活動を行った結果、どの程度の利益を生んだかを見る指標だといえます。株主資本に対する収益性、効率性を見るリーズナブルな指標として、経営目標に設定されるものです。以前は日本の企業もバブル崩壊後の収益低下から、２００２年には予想ＲＯＥも１・５％にまで低下しました。しかし日本の株式市場でも外国人投資家が増えたため、企業も国際的な比較で収益性、効率性を欧米並みに高める必要があります。ようやく日本企業も目先のＲＯＥの目標である10％程度をクリアしてきました。日本企業の魅力が国際的に遜色なくなってきたことを示しています。

ところで近年では経営指標としてＲＯＥだけでなく、他の指標を取り入れる必要がでてきました。その1つがＥＶＡ（ＥＶＡはスターン・スチュワート社の登録商標）です。細かい式はここでは示しませんが、経営リスクを考慮した指標と捉えておく必要があります。例えば、同じＲＯＥを稼ぐ企業でも、先行きが分からない事業で一発当てて、利益を獲得している企業と、安定した収益源を保有する企業では評価が異なります。一発当てた企業は、当て続けられれば良いのですが、どうなるか分かりません。こういう事業リスクをＲＯＥから引いて計算するというイメージのものです。

また、ＲＡＲＯＣ（Risk Adjust Return On Capital）という指標も登場しました。こちらの方が分かりやすいかもしれません。ＲＯＥを算出する際の分母に自己資本を置かず、利益の変動額を置くものです。要は、リスクに対してどれだけ利益を稼いでいるかを見るための指標です。

ただ、こうした発展はあるものの、ベースはＲＯＥとなります。新しい指標は計算が難しいだけに、データの信頼性が乏しくもなります。シンプルなＲＯＥは引き続き経営指標として注目されると考えます。

第10話　大作映画の経済効果

映画が流行ると株式市場は下落？

不況に強い、もしくは不況時に儲かるといわれる商売がある。自殺者が増えるから葬儀屋……というのはブラック・ジョークの類で、一般には電力、ガス、出版、映画などをあげる人が多いようだ。

電力、ガスなどに関しては景気がどうあれ必要な産業であり、またいかなるときでもある程度の配当が見込まれるというのがその理由である。

また出版に関しては、要はさほどお金を要さない娯楽だからということだろう。もっとも、すでに10年以上「出版不況」と言われ続けているような気もするので、もはや「出版は不況に強い」というのは過去の伝説のようにも思える。

さてここでは映画について考えてみたい。「不況だと映画業界が儲かる」という説の最大の根拠は、出版同様、映画はあまりお金のかからない娯楽であるということであるように思われる。不況になれば海外旅行といった遠出を控えて、近くの映画館で余暇を過ごす人が増える。だから映画は不況時には強い、というのである。旅行と映画を同じレベルで比較することには違和感を覚えるかもしれないが、共に非日常を味わうリーズナブルなレジャーである。実際に景気と映画の配給収入、或いは興行収入の関係は強く連動しているように感じる。

バブル経済の絶頂期の１９９１年に最高の配給収入を得た映画は「ターミネーター2」（8月公開）の57・5億円であった。しかし、バブル崩壊後の景気が底値付近となった１９９３年に最高の配給収入を得た映画は「ジュラシック・パーク」で83億円（7月公開）である。これは「ターミネーター2」を44％も上回る。

また、筆者の前勤務先であった山一證券が破綻した１９９７年は景気後退というよりは年末にかけて信用不安が高まった年であった。この年の7月に公開されたのがあの「もののけ姫」で１１３億円と驚異的な配給収入を記録した。この年は映画の当たり年であったのか、他にも「インデペンデンス・デイ」が66・5億円、「ロスト・ワールド」

が58億円の収入となった。

一方、株式市場がＩＴバブルにわいた１９９９年は「アルマゲドン」が83・５億円の配給収入となったが、１９９７年の盛り上がりには及ばなかった。

このように見ると、映画は景気よりも、人々の将来への期待を評価する株式市場との関係が強いのではないだろうか。言い過ぎかもしれないが、人は世の中の先行きに期待が持てない場合に、近場で非日常を味わうために、映画館に行くのかもしれない。

興行収入と株式市場は逆相関

そこで、実際のデータでこれを確かめてみた。図10－１は２００３年までの過去約20年間の我が国における暦年別の映画の興行収入とＴＯＰＩＸの推移を比較したものだ。逆相関の関係を捉えやすくするために、右軸のＴＯＰＩＸはスケールを逆にしている。

更に、２つの関係をより深く捉えるため、データをそれぞれ前年比で見ると、グラフが連動していることが分かる（図10－２）。実際に映画の興行収入とＴＯＰＩＸの前年比の相関係数は過去10年間でマイナス０・37、15年間ではマイナス０・20だった。そう強くはないが、ある程度の逆相関が見られたと言って良いだろう。やはり映画が流行る

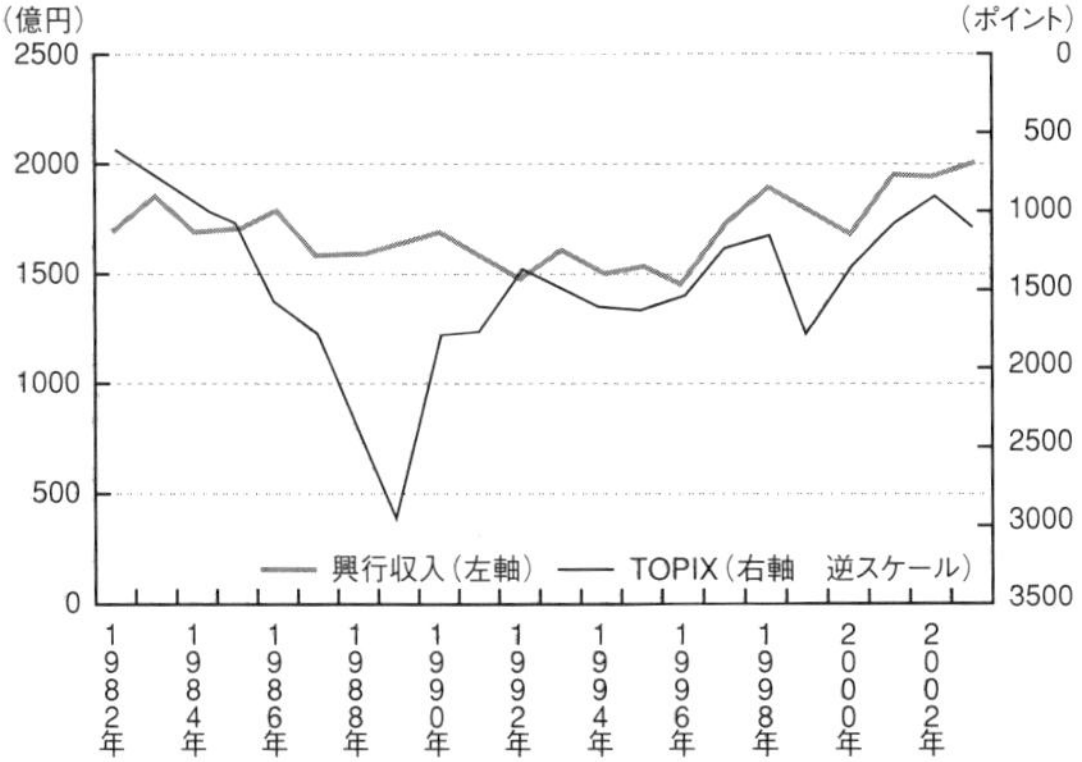

出所：社団法人日本映画製作者連盟のデータを基に大和総研作成
参考HP：http://www.eiren.org/

図10-1　映画の興行収入とTOPIXの推移

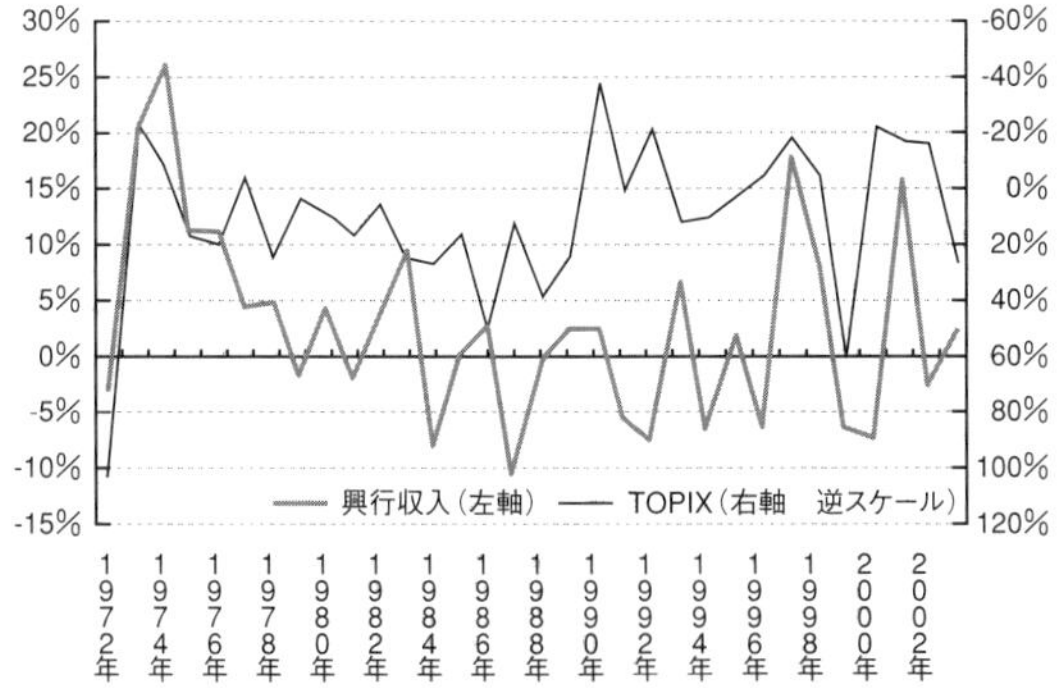

出所：社団法人日本映画製作者連盟のデータを基に大和総研作成
参考HP：http://www.eiren.org/

図10-2　映画の興行収入とTOPIXの比較（対前年比）

時は株価が下落していると言ってもよいようである。

音楽が流行ると株式市場は上々

自分の趣味について「読書」「映画鑑賞」「音楽鑑賞」と答える人は、本当にそうである場合もあるが、何も無い、もしくは言いづらい趣味なので無難なものとしてそれらを上げていることが多いという。それなりの相手に「パチスロ命です」とはなかなか言えない。かといって、下手に「釣りです」などと言ってボロが出ても困る。そんなときに「本」「映画」「音楽」は非常に便利である。

このうち、「映画」は不況時に強いと言われていることは既に述べた。では、音楽はどうか。実は映画と全く逆の状況が考えられるのが音楽である。音楽業界は景気に連動して動くと言われているのだ。

音楽は、仕事をしながら、あるいは車を運転しながら聴くことが多いが、景気がよくて日々が充実していると、音楽を聴く機会が増える。そして、音楽を聴くことで、更に気持ちも高揚して仕事も充実する相乗効果を生む。こうした人々の充実感は株式市場にも繫がっているかもしれない。

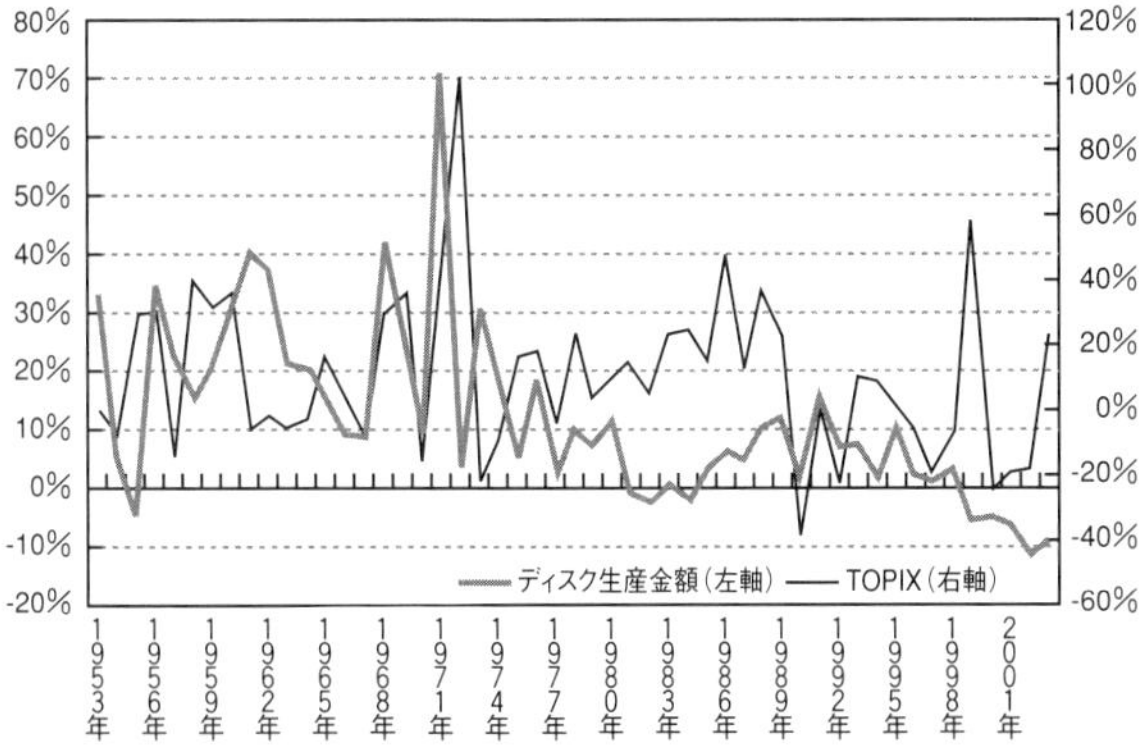

図10-3　ディスク生産金額とTOPIXの比較（対前年比）

そこで、我が国のレコード、CD、テープの生産金額の前年比と同期間の株式市場のリターンを比較してみた。図10－2を映画でなく、音楽の伸びで作成したものが図10－3である。

映画のときとは逆で、ここでは右軸を逆スケールにしていない。それでもご覧の通りグラフが連動していることから相関が強いことが分かる。ディスク生産金額前年比とTOPIXの年次リターンの相関係数は過去20年間で0・13と弱い相関が見られた。そう強い関連とはいえないが、映画とは異なり、音楽が流行る時には株価は上がる傾向にあるようだ。

音楽・映画レシオと株式市場

そこで、株価と関係が強い音楽と映画の2つの状況を合わせて音楽・映画レシオ（両者の比率）を作ってみた。音楽の勢いを示す指標として暦年のディスク生産金額を分子とし、分母は映画の勢いを示す指標となる映画興行収入にした。この数値が大きいときは、音楽産業が映画産業よりも活気があり、小さいときには逆の傾向があると思っていただければいいと思う。

この音楽・映画レシオとＴＯＰＩＸを比較してみると、図10－4の様に更に連動性が高くなった。過去10年間の相関係数は０・72とかなり高い。

筆者が最初にこの調査をしたのは２００４年であった。その年の映画業界は「世界の中心で、愛をさけぶ」や「ハリー・ポッターとアズカバンの囚人」など興行収入が20億円を超えるヒット作品が続々と公開された。さらに宮崎駿監督の3年ぶりの新作「ハウルの動く城」も公開になるため興行収入は最高額を更新すると見られていた。

翌２００５年は「スター・ウォーズ　エピソード3」「宇宙戦争」といった大作が公開され、映画界はますます活況を呈しているように見える。映画そのものの魅力もさることながら、シネコンが増加したことでお客が戻ってきたという点も見逃せない。

その一方、近年、音楽業界は盛り上がりに欠けているようだ。最近はＣＤの違法コピーの蔓延、インターネットによる音楽配信サービスの台頭などのせいで、ディスクの販

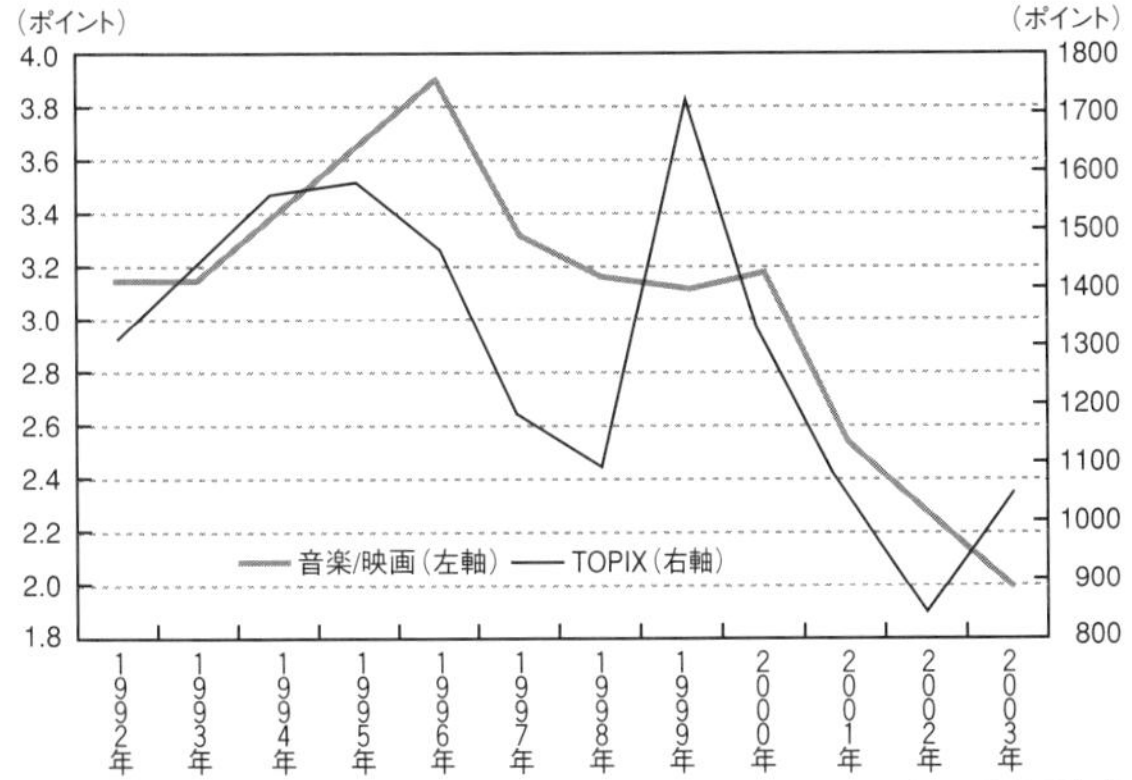

出所：社団法人日本映画製作者連盟と社団法人日本レコード協会のデータを基に大和総研作成

図10-4　音楽・映画レシオとTOPIX

売額が音楽の流行を適切に捉えていない可能性も否定できない。しかし１９９８年をピークにディスク生産高が減少していることは事実である。

むろん筆者は映画の低迷を望んでいるわけではない。が、映画以上に音楽が盛り上がることを期待したい。更に蛇足かもしれないが、新人歌手のデビューと株式市場の相関が高いことには興味深いものがある（図10－5）。歌手のデビューは音楽業界の盛り上がりに繋がり、ＴＯＰＩＸとの連動性に繋がるようだ。廻りまわって、景気や株価にポジティブな影響を及ぼすなら多くの才能ある歌手のデビューに大いに期待したい。

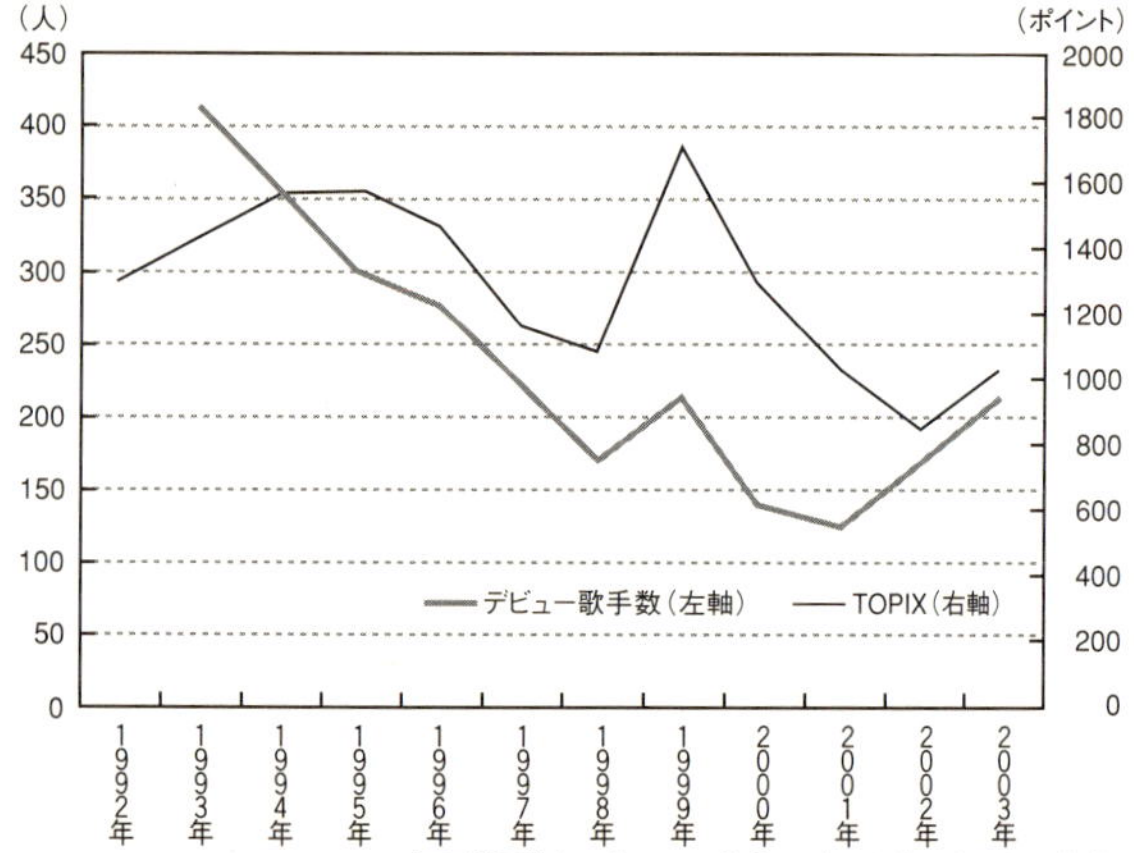

出所：社団法人日本レコード協会のデータを基に大和総研作成
参考HP：http://www.riaj.or.jp/index.html

図10-5　デビュー歌手数とTOPIXの比較

映画会社そのものへの投資

さて、ここまでの議論を映画関係者がお読みになったら、あまりいい気分はしないかもしれない。「俺たちが頑張ると景気が悪くなるとでも言いたいのか」。そんな怒りの声が聞こえてきそうだ（もちろん筆者はそういうことを言いたいのではない）。

そこでフォローの意味も含めて、映画会社への投資のタイミングを見てみたい。映画がヒットすれば、配給会社の業績に寄与することは当然である。例えば、我が国を代表する配給会社の東宝のケースでは2003年度実績で連結売上高の4分の1程度が映画興行事業による売り上

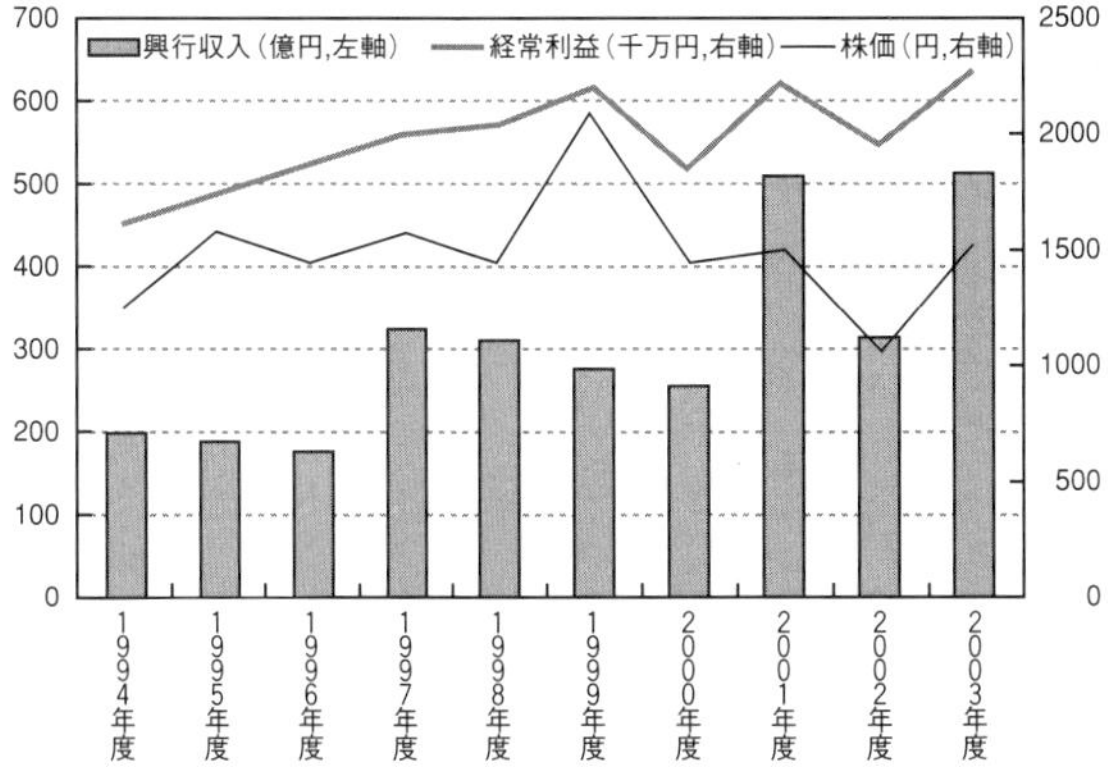

図10-6　過去10年間の東宝の興行収入と業績および株価

げである。

同社の興行収入（一部推計）と業績の関係は連動している。また業績が良くなれば、株価にもポジティブな影響が期待される（図10－6）。ただ、映画がヒットしたからと言って、やみくもに配給会社の株を買えば良いという訳では決してない。すでにそのヒットを含んだ株価になっていることがありえるからだ。株価と興行収入は、ある程度は連動しているが、投資のタイミングを検討する必要があるだろう。

そこでヒット映画が公開される前後で配給会社の株価がどの様に推移するかを調べた。１９９４年から２００３年の間で興行収入が30億円以上の映画作品をピックアップして、その公開月の前後の株式リターンを見た（図10－8）。図

公開年	公開月	作品名	興行収入（億円）	配給会社
1994	1月	クリフハンガー	66.7	東宝東和
1994	1月	ゴジラVSメカゴジラ	31.2	東宝
1994	7月	平成狸合戦ぽんぽこ	43.8	東宝
1995	7月	耳をすませば	30.8	東宝
1996	1月	ゴジラVSデストロイア	33.3	東宝
1997	3月	ドラえもん　のび太のねじ巻き都市冒険記	33.3	東宝
1997	5月	失楽園	38.3	東映
1997	7月	もののけ姫	188.3	東宝
1998	3月	ドラえもん　南海の大冒険	35.0	東宝
1998	7月	劇場版ポケットモンスター　ミュウツーの逆襲	69.2	東宝
1998	7月	GODZILLA	50.0	東宝
1998	10月	踊る大捜査線　THE MOVIE	83.3	東宝
1999	1月	リング2／死国	35.0	東宝
1999	3月	ドラえもん　のび太の宇宙漂流記	33.3	東宝
1999	6月	鉄道員（ぽっぽや）	34.2	東映
1999	7月	劇場版ポケットモンスター　幻のポケモン　ルギア爆誕	58.3	東宝
1999	10月	シックス・センス	71.7	東宝東和
2000	3月	ドラえもん　のび太の太陽王伝説	30.5	東宝
2000	7月	劇場版ポケットモンスター　結晶塔の帝王	48.5	東宝
2000	8月	ホワイトアウト	42.0	東宝
2001	3月	ドラえもん　のび太と翼の勇者たち	30.0	東宝
2001	3月	ONE PIECE／デジモンアドベンチャー02	30.0	東映
2001	7月	千と千尋の神隠し	304.0	東宝
2001	7月	劇場版ポケットモンスター　セレヴィ　時を越えた遭遇	39.0	東宝
2001	10月	陰陽師	30.1	東宝
2001	12月	バトル・ロワイアル	31.1	東映
2002	3月	ロード・オブ・ザ・リング	90.7	ヘラルド／松竹
2002	4月	名探偵コナン　ベイカー街の亡霊	34.0	東宝
2002	6月	アイ・アム・サム	34.6	松竹／アスミックエース
2002	7月	猫の恩返し／ギブリーズepisode II	64.6	東宝
2002	12月	ギャング・オブ・ニューヨーク	30.0	ヘラルド／松竹
2003	1月	黄泉がえり	30.7	東宝
2003	2月	ロード・オブ・ザ・リング　二つの塔	79.0	松竹／ヘラルド
2003	4月	名探偵コナン　迷宮の十字路	32.0	東宝
2003	4月	シカゴ	35.0	GAGA／HUMAX
2003	7月	ターミネーター3	82.0	東宝東和
2003	7月	踊る大捜査線 THE MOVIE2 レインボーブリッジを封鎖せよ!	173.5	東宝
2003	7月	劇場版ポケットモンスター アドバンスジェネレーション 七夜の願い星 ジラーチ	45.0	東宝

図10-7　興行収入が30億円以上の映画作品（1994〜2003年）

10－７は興行収入が30億円以上の映画作品の一覧である（配給会社が東証に上場している作品のみを取り上げた。２０００年以前の興行収入は推計値）。

調査結果を詳しく検討するため、本項では興行収入が60億円以上の映画を「大ヒット作」、30～60億円の作品を「ヒット作」と分類した。

図10－８の対ＴＯＰＩＸ累積超過リターンの推移を見ると、大ヒット作、ヒット作共に、公開月の８カ月前辺りまではほぼ横ばいで、その後配給会社の株価は順調に上がっている。更に面白い傾向としては、公開の４カ月前まで株価が順調に上昇するものの、その後に調整することである。そして期待先行で事前の上昇の大きかった大ヒット作の場合には公開の１カ月前に再上昇するし、ヒット作は２カ月前に上昇する。公開月までを見ると大ヒット作の方が株価の上昇が大きいことは注目点である。

一方、公開後の動きは特徴的だ。ヒット作は公開月を高値に調整してしまうが、大ヒット作は３カ月後まで持続的に上昇する。ヒットが大きければ、株価への反応も持続するのである。

図10－９は各時点を基点として公開月までの対ＴＯＰＩＸ超過リターンを累積したものである。例えば、左上の「６・27％」という数字の意味は、ヒット作の配給会社に対

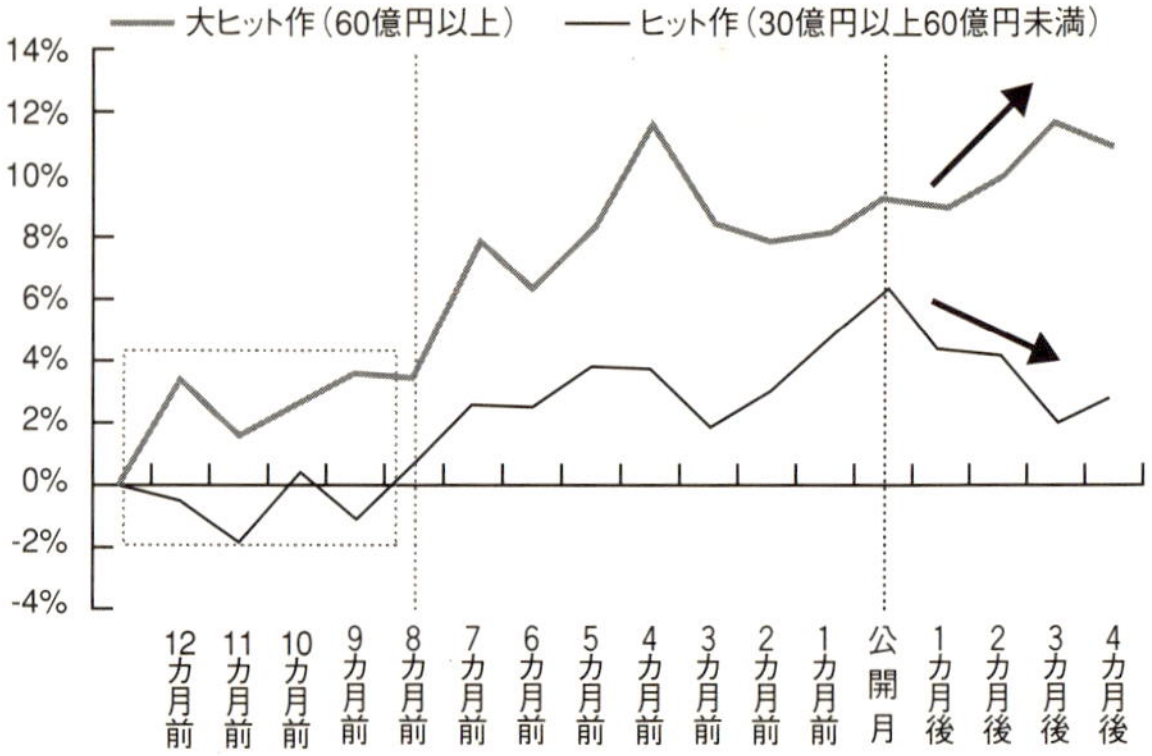

図10-8　大ヒット作、ヒット作の公開月前後の対TOPIX累積超過リターン

して12カ月前に投資を開始すると、公開月には6・27%の超過リターンが得られるということである。

大ヒット作、ヒット作の投資タイミング検討

これまでの調査結果から、大ヒット作、ヒット作は共に公開の1年前に配給会社に投資すると効率が良いようだ。しかし実際には1年前から「映画がヒットするか?」という予想は難しい。自分が好きな人気シリーズに期待することはできるだろうが、実際に観たら思ったほど良くなかったという経験は誰にもあるだろう。

大ヒット作の「続編」がとんでもなく酷い出来で、まったくダメだった、というケースも珍しくはない。時には第1作と監督も出演者もま

興行収入	12カ月前	8カ月前	4カ月前	2カ月前	1カ月前	公開月	3カ月後	4カ月後
ヒット作（30億円以上60億円未満）	6.27%	6.92%	2.70%	4.71%	1.82%	0.85%	-2.66%	-2.03%
大ヒット作（60億円以上）	9.19%	5.08%	1.41%	1.53%	0.17%	1.89%	3.63%	2.19%

図10-9　対TOPIX累積超過リターンの平均値

ったく違うということもある。古くは「ジョーズ」がそうだった。「それを言うならスター・ウォーズだってやはり第1作が最高だ」「ゴッドファーザーはパート2の方が良かった」等々、様々な意見があるだろうが、その辺の議論は映画好きの友人と繰り広げていただきたい。

　映画マニアではない投資家にとって無難なのは、映画評論家の意見等を参考に公開前々月の終値（図10－9における2カ月前）で投資する方法であろう。そして大ヒットしそうなら公開の3カ月後まで保有する方法はどうだろうか？　仮に目論見が外れたとしても、映画会社の株主には招待券などの特典が付くことが多い。少々の憂さならばスクリーンで晴らすことも可能である。

第11話　満月で興奮し、梅雨で消沈す

東洋と西洋では月に対する意識が違う

「南の島のカメハメハ大王」という歌がある。ＮＨＫ「みんなの歌」で放送されていた童謡である。この中に出てくるカメハメハ大王の息子たちは怠け者で、学校を風が吹いたら遅刻して、雨が降ったら休んでしまう始末だ。

大王の息子ほどではないにせよ、第2話でも述べた通り、人の行動が気候など自然現象に左右されることは間違いない。本項ではそれを見てみたい。まずは月である。

我が国では旧暦の8月15日（新暦では9月頃）の十五夜と9月13日の十三夜の月を楽しむ習慣がある。十五夜と十三夜、どちらかの月見しかしないのは片月見と嫌われる。中国や韓国でも十五夜の風習がある。中国は日本に十五夜を伝えた元祖である。また韓

国ではチュソクと呼ばれており、その日は休日となる。お正月、お盆に次ぐお祭りが行われるという。このように東洋には月を愛でる習慣がある。

一方、欧米では名曲「ムーンライトセレナーデ」があるように、月夜をロマンチックに捉える見方もあるものの、満月は人の心をかき乱したり、狂わせたりするものだという考え方がある。その象徴の１つが、満月に狼男が変身するというものだ。東洋と比べて欧米では月を眺めて楽しむ習慣は余り見られない。

月は地球の周りを公転しており、太陽と地球との位置関係から月の満ち欠けが見られる。地球から見て太陽と反対側に月がある時、月は太陽の光を全面で反射するため満月となる。一方、月が地球と太陽の間に位置する時には新月となる。月の満ち欠けの周期は１カ月に近い29・３日である。

満月とバイオタイド理論、災害

実は、こうした月と太陽との位置関係が人間の心理や行動に影響を及ぼすという見方も根強い。欧米では満月は人を狂わせるものと見られているが、昔から満月や新月には犯罪や事件がよく起こると言われている。

この考え方の背景の理論は次のようなものである。月も太陽と同様に引力を持っている。そして、人間の体の約6割は水でできている。ということは、血液も含めて人間の体の水分が月や太陽の引力で引っ張られている。新月の時期には太陽と月の２つの引力が合わさり、一方向から引っ張られる。一方、満月では月と太陽が地球から見て反対に位置するため、２つの反対の方向から引っ張られる。こうした引力は人間の心理や行動に変化を与える。この理論はバイオタイド理論と呼ばれている。

満月と新月の時には、人は気分が高揚し、感傷的になったり、暴力的になったりする。一方、上弦、下弦の時は人の緊張感が弱まり、事故が起きたりすると言われる。

この関係は馬鹿にしたものでもないらしく、日本でも公共機関が時折、月の影響についての研究を発表している。１９９２年には兵庫県警が「満月や新月の日に比べて半月の日はうっかり事故が多い」というレポートを出している。それによれば、上弦の月と下弦の月の前後に交通事故件数はピークを示し、10年間で平均よりも３０００件以上増えていたというのだ（もっとも、栃木県警宇都宮東警察署は２０００年、「満月の日は交通事故が多い」と発表している）。

また２００４年に京都市西京消防署の署員が発表したところによれば、満月の日は放火が多い、ということである。

このように月の満ち欠けが人間に影響を与えるという見方をする人は多い。もちろん自然界にも大きな影響を与える。一般に良く知られるものが潮の満干の関係である。満潮と干潮は月と太陽からの引力の違いにより引き起こされる。満月と新月の一、二日後に通常より大きな潮汐《ちょうせき》が起こる。この時が大潮である。一方、上弦と下弦の月の後、一、二日たつと、小潮となる。

また、潮の満ち干への影響ばかりではなく、陸地も20センチ程ゆがむと言われる。これが地球潮汐である。

こうした関係から、満月や新月の前後は津波や地震が起こりやすいという説もある。２００４年12月26日にインドネシアのスマトラ島沖で発生した巨大地震と津波による大惨事は記憶に新しい。この大惨事は満月の前日に起こったものだった。スマトラ沖に関して言えば、２００５年３月28日にもマグニチュード８・７の地震が発生したが、これも満月の２日後であった。

また近年、我が国で最も被害が大きかった１９９５年１月17日の阪神・淡路大震災は満月の日であった。

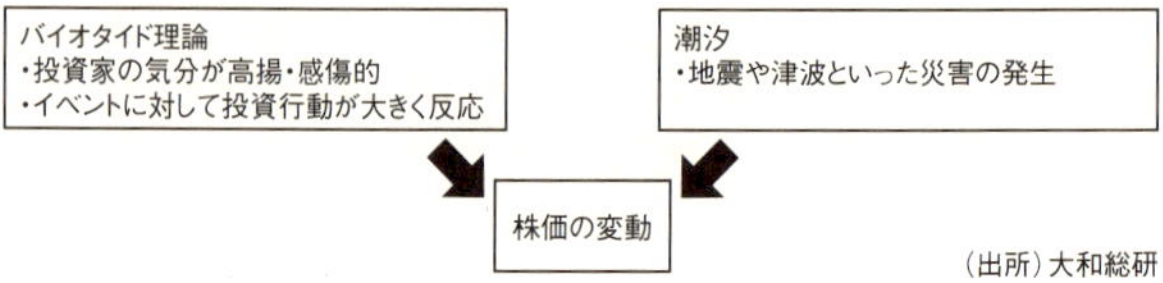

（出所）大和総研

図11-1　月の満ち欠けが株価の変動に影響するという仮説

月の満ち欠けと株価の変動の関係

このように月の満ち欠けが人間社会に与える影響については古くから様々な研究が行われており、それは経済の分野においても例外ではない。月と資本市場の関係の分析はオーソドックスなアプローチの1つである。ここでは株式市場との関係を検討した。

満月や新月では図11－1に示される様にバイオタイド理論における投資家の心理への影響と、潮汐からの災害の発生の2つの面から株価のボラティリティが高まる（変動の幅が大きくなる）と考えられる。特に、潮汐の面からはネガティブな情報の発生の可能性が高まるため、株価の下落の傾向が想定される。

そこで、日次ベースで日経平均の騰落率とボラティリティ（年率換算はしていない）を計測して、満月とそれ以外の日で集計した。集計結果は図11－2で示した（ボラティリティは［当日高値－当日安値］÷

	満月		満月以外	
	騰落率	ボラティリティ	騰落率	ボラティリティ
平　均	-0.10%*	1.61%**	0.01%	1.52%
中央値	-0.06%	1.38%	0.03%	1.30%
最大値	5.17%	6.08%	13.24%	14.89%
最小値	-3.87%	0.29%	-14.90%	0.15%
25%点	-0.88%	0.85%	-0.70%	0.87%
75%点	0.74%	2.09%	0.72%	1.89%
サンプル数	168	168	4761	4761
標準偏差	1.46%	1.01%	1.41%	0.99%

**は25%、*は30%の水準で有意差があることを示す。

図11-2　満月の日の騰落率とボラティリティの平均

前日終値、と定義した）。いろいろ数字が並んでいるが、基本的には各表の一番上の平均を見ていただければよい。これで左と右とで（たとえば満月とそれ以外とで）差があるかどうかを見ればいいのである。

分析対象期間は２００５年３月までの20年間とした。左側の満月は対象期間中のサンプル数が１６８日存在した。その日経平均の騰落率の平均値がマイナス０・10％であった。一方、満月以外ではほぼ０に近い０・01％である。中央値で見ても満月では騰落率のマイナスが大きいことが分かる。因みに最大値、最小値は満月の方が値の絶対値が小さい。これは、サンプル数が満月以外に比べて少ないことが原因である。騰落率の平均値の検証を行うと統計的にある程度の範囲で有意な差となった（片側30％）。一方、ボラティリティに関しても統計的にある程度の有意な差が見られた（片側25％の範囲で）。

新月	新月		新月以外	
	騰落率	ボラティリティ	騰落率	ボラティリティ
平　均	-0.03%	1.53%	0.01%	1.53%
中央値	-0.01%	1.29%	0.03%	1.31%
最大値	4.00%	5.28%	13.24%	14.89%
最小値	-5.04%	0.25%	-14.90%	0.15%
25%点	-0.66%	0.87%	-0.71%	0.87%
75%点	0.66%	1.84%	0.73%	1.91%
サンプル数	168	168	9178	9178
標準偏差	1.31%	0.94%	1.42%	1.00%

上弦	上弦		上弦以外	
	騰落率	ボラティリティ	騰落率	ボラティリティ
平　均	-0.07%	1.46%	0.01%	1.52%
中央値	-0.07%	1.28%	0.02%	1.30%
最大値	7.55%	7.40%	13.24%	14.89%
最小値	-6.60%	0.26%	-14.90%	0.15%
25%点	-0.64%	0.81%	-0.70%	0.87%
75%点	0.57%	1.74%	0.72%	1.91%
サンプル数	169	169	4760	4760
標準偏差	1.47%	1.02%	1.41%	0.99%

下弦	下弦		下弦以外	
	騰落率	ボラティリティ	騰落率	ボラティリティ
平　均	0.04%	1.57%	0.01%	1.52%
中央値	0.04%	1.35%	0.02%	1.29%
最大値	6.22%	6.04%	13.24%	14.89%
最小値	-4.15%	0.20%	-14.90%	0.15%
25%点	-0.66%	0.93%	-0.70%	0.87%
75%点	0.65%	2.00%	0.72%	1.90%
サンプル数	175	175	4754	4754
標準偏差	1.45%	0.97%	1.41%	0.99%

図11-3　新月、上弦、下弦の日の騰落率とボラティリティの平均

つまり、満月の日の方が株価のボラティリティが大きくなる傾向がある。満月以外の新月等でも同様の調査を行った結果が図11－3である。新月では満月と同様にボラティリティの上昇を予想したが、統計的に有意な差が見られなかっ

た。特に満月が株価に影響を与える傾向が大きいと考えられる。

当然ではあるが、月の満ち欠けのみで投資は考えられない。しかし結果を見る限り、満月の日には投資を控える消極的な方法を取るか、それとは対照的にボラティリティの大きさを頭に入れたうえで戦略的に投資行動を行うか、いずれかの道を取るべきなのかもしれない。

梅雨と株価の関係

月の満ち欠けが仮に人体に影響を与えるとしても、それを自覚できる人は滅多にいないはずだ。もっと誰でもが実感できる現象を今度は取り上げてみよう。

梅雨である。

梅雨は毎年6月から7月半ばにかけてめぐってくる。湿度が高くジメジメするため、カビも生えやすくなり人の気持ちを憂鬱にさせたりもする。

ここで梅雨を取り上げる根底には、「インフルエンザ」の項で解説した行動ファイナンスの考えがある。投資家が株式を購入するかどうか迷った時、たまたまそれが梅雨の時期で、今風に言えば「超ブルー」な気分であれば、悪い情報を過大に考えて株価を下

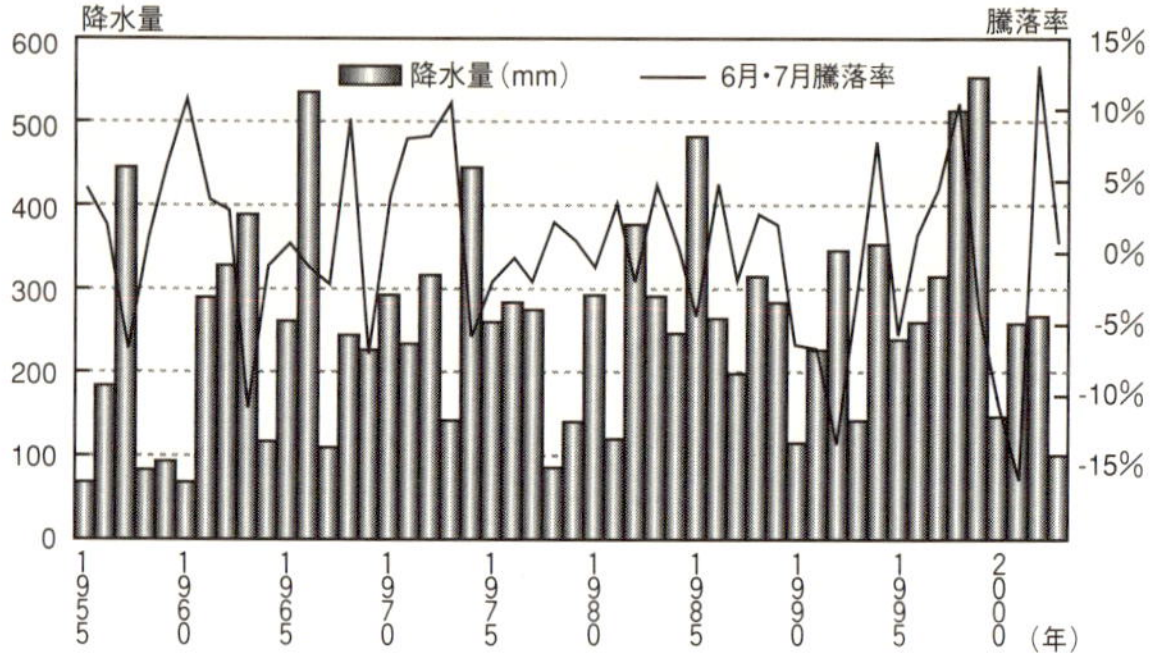

図11-4　過去の梅雨時の降水量と6月・7月の日経平均の騰落率

落させる可能性がある。

そこでまず梅雨の時期は普段より株式のパフォーマンスが低下するという仮説を立てて検証してみた（図11－4）。実際に過去の梅雨の降水量と、梅雨の時期である6～7月の2カ月間の日経平均騰落率との間の相関係数を算出すると、マイナス0・15となった。相関係数がマイナスであることは梅雨における雨の程度が激しい状況では株価は逆に下落する傾向があることを示している。完全に逆相関の場合には相関係数はマイナス1となるから、マイナス0・15というのは強い逆相関の関係ではない。それでも「雨の程度が強い6月と7月の株価はやや低調なパフォーマンスとなる」ことをある程度は示唆している。

しかし我々の実感としては梅雨が気分に影響する程度は「ある程度」では済まないはずである。そこで更

〈A〉6月の日経平均の騰落率

降水量（多）←――――→降水量（少）

	第1グループ	第2グループ	第3グループ	第4グループ	第4と第1の差
平均	0.17%	2.46%	-0.23%	1.94%	1.77%
最大値	8.80%	7.82%	7.37%	10.23%	1.43%
最小値	-13.06%	-3.85%	-9.71%	-3.59%	9.47%
サンプル数	13	12	12	12	
標準偏差	5.46%	2.98%	5.31%	3.55%	

〈B〉7月の日経平均の騰落率

降水量（多）←――――→降水量（少）

	第1グループ	第2グループ	第3グループ	第4グループ	第4と第1の差
平均	-1.12%	0.49%	-0.38%	-0.95%	0.17%
最大値	14.88%	6.09%	7.83%	5.54%	-9.34%
最小値	-11.69%	-4.40%	-8.16%	-8.55%	3.14%
サンプル数	13	12	12	12	
標準偏差	6.61%	3.15%	4.80%	3.65%	

図11-5　6月・7月の降水量と日経平均の騰落率

に、次の3つの観点から梅雨と株式の関係を分析した。

第1に、4グループ（多い、やや多い、やや少ない、少ない）に分けた梅雨時の降水量と、梅雨の時期である6月と7月の株式の騰落率にどの程度の関係があるか、つまり図11－4を更に掘り下げて検討したのである（図11－5）。

第2に、梅雨の期間と、梅雨以外の期間の株式の騰落率はどうか、である。仮説によると、梅雨の期間の騰落率は、梅雨以外の期間に比べて下がると考えられる（図11－6）。

第3に、梅雨入りと梅雨明けの当日の株式パフォーマンスが、それ以外の日に比べて異なるかを調べた。「これから梅雨だ」と思えば鬱陶しいし、「梅雨が明けた！」と思えば気分は晴れるはずだ。従って梅雨入りは株式パフォーマンスが悪く、梅雨明けは良くなるのではないかと予想したのである（図11－7）。

ここで用いたデータは梅雨に関しては気象庁発表のものである。分析期間は1955年1月4日〜2004年12月30日の50

年間とした。

降水量と騰落率の関係

まず、図11－5を見てみよう。過去50年間の梅雨時の降水量を基準に4つのグループに分けた場合、降水量の多い年の6月、7月の騰落率が、少ない年の6月と7月に比べて平均的にどの程度低いか。

	梅雨期間	梅雨期間以外
平均	0.01%	0.03%
(参考)年率平均	1.64%	8.41%
サンプル数	1589	12297

図11-6　梅雨期間と梅雨以外の期間の日経平均の騰落率①

左の表〈A〉は6月の騰落率の比較である。注目したいポイントは降水量の最も少ない第4グループの平均値が1・94%であるのに対して、最も多い第1グループは0・17%となっており、降水量の多い年は少ない年に比べて平均的に1・77%下回っていることである（第4グループと第1グループの差を参照）。この傾向は最大値、最小値にも表れている。いずれも降水量が最も多い第1グループが第4グループを下回っている。

また、右の表〈B〉の7月も同様に第1グループの平均値は第4グループを0・17%下回った。また最小値も同様に下回ったが、最大値は上回った。

このように4つのグループに分けて見られる傾向は、梅雨の雨が激しい時ほど、6月と7月の株式パフォーマンスが低調となることである。

梅雨時と、それ以外の時期の比較

第2の観点、「梅雨時とそれ以外の時期の株式騰落率の比較」はどうなったか。図11―6で示したように、梅雨期間のサンプル日数が1589日なのに対して、梅雨以外の期間は1万2297日ある。それぞれの日経平均の平均騰落率を比較してみた。

その結果、梅雨期間の平均騰落率が0・01%なのに対して、梅雨以外は0・03%となった。率自体の絶対水準は小さいが、梅雨以外は梅雨時に比べて約3倍である。これを年率ベースで捉えると、6・77%の違いとなる。

梅雨入り日と梅雨明け日の違いは?

第3の観点、「梅雨入り日、明け日と、それ以外の日」の比較はどうだろう。日経平均の騰落率の比較を行ってみた。

〈A〉梅雨入り日と梅雨入り日以外の日の騰落率

	梅雨入り日	梅雨入り日以外
平均	-0.05%	0.03%
（参考）年率平均	-11.38%	7.68%
サンプル数	38	13848

〈B〉梅雨明け日と梅雨明け日以外の日の騰落率

	梅雨明け日	梅雨明け日以外
平均	0.22%	0.03%
（参考）年率平均	53.93%	7.53%
サンプル数	36	13851

（出所）気象庁　梅雨入り・明けと期間降水量のデータ等を基に大和総研作成

図11-7　梅雨期間と梅雨以外の期間の日経平均の騰落率②

図11－7の上の表〈A〉は梅雨入り日と、それ以外の日の日経平均の騰落率の比較を行ったものである。梅雨入り日の平均騰落率はマイナス0・05%とマイナスになる一方、梅雨入り日以外は0・03%とプラスとなった。また中央値では、梅雨入り日のマイナス0・14%に対し、梅雨入り日以外では0・06%となった。参考として、年率換算ベースでは19・06%の違いとなる。

一方、下の表〈B〉は梅雨明け日と、それ以外の日の日経平均の騰落率の比較結果である。梅雨明け日の平均騰落率は0・22%だった。前述の通り梅雨明け日以外は0・03%である。また中央値では、梅雨明け日の0・15%に対し、梅雨明け日以外では0・05%となった。これは年率換算ベースでは46・4%の違いとなる。

つまり予想通り、「梅雨入り日とそれ以外の日」「梅雨明け日とそれ以外の日」で比較すると、梅雨入り日は株式パフォーマンスが悪く、梅雨明け日は良くなる傾向が見られた。単純に梅雨入り日と梅雨明け日で比較しても日次ベースの平均騰落率は0・26%異なる。これまでの3つの調査について整理しておこう。

①梅雨の雨量が多い時は株式パフォーマンスが悪い傾向がある。

②梅雨時期は株式パフォーマンスが悪い。

③梅雨入り日の株式パフォーマンスは悪く、梅雨明け日は株式パフォーマンスが良い。ということになる。

梅雨入り時期に関しては明けの時期と同様に気象庁は事後的に発表する。通常、暫定的な発表を行い、例年9月頃に最終的な確報が発表される。また気象庁発表の「入り日」を境に梅雨が始まり、「明け日」と同時に終了するという厳密なものではない。

従って、具体的な投資戦略として考えると難しいが、梅雨の期間は株式のパフォーマンスがネガティブとなる傾向が強いということに注意する必要がある。例えば、悪いニュースに対して投資家の意識がよりネガティブに働く傾向があるかもしれないことに注意する必要がある。一方、梅雨明け後はこうしたネガティブな意識が後退するため、良いニュースに対してよりポジティブな意識を持つようになるのかもしれない。

梅雨明け時期に関して参考にすべきことには、「梅雨明けの直前は豪雨になることが多い」「梅雨の晴れ間の暑さ」「過去の梅雨日数」などがある。関東・甲信地方の平均梅雨日数は33日で、標準偏差は8・7日程度となり、大きな差はない。

蛇足ながら、気象庁の「長期予報」を参考にして戦略を立てることはお勧めできない。それが当てにならぬことはご承知の通りだからである。

第12話　猛暑、体臭、クールビズ……夏の三題噺

夏の気温と株価の関係

梅雨と株価の関係については前述したとおりである。しかしここで意地の悪い、いや、ちょっとでも冷静な読者はこう突っ込みを入れることだろう。

「梅雨に気が滅入って、やる気がおきないのはわかる。しかし、それは暑くても同じだし、寒すぎても同じことではないか」

その通りである。梅雨がないことで生産性が上がり、気分が良くなるというのであれば日本でもっとも陽気な地域は北海道ということになる。しかし、そうではない。多分。

そこで本項のテーマは夏の気温と株価の関係である。暑い夏は株式のパフォーマンス

が低下するという仮説を検証してみよう。夏が暑すぎると、汗をかいて不快になる。投資家もポジティブな気持ちで株式運用に臨めなくなる可能性はある。株式を購入するかどうか、という判断は微妙な心理状況に左右されるだろう。気持ちが不快になると積極姿勢が失われるかもしれないのは梅雨の時の仮説と同じである。

一般に夏が暑ければ、エアコンの需要が高まる等、景気面ではポジティブに捉える見方がある。試しに「猛暑」「経済効果」のキーワードで過去の新聞記事を検索してみたところ、いくつかそうした見方を紹介したものがあった。

たとえば産経新聞は１９９８年7月9日付朝刊に「株価　猛暑で急伸　流通株にも波及効果」という見出しの記事を掲載している。猛暑のおかげでビール、清涼飲料水、アイスクリーム関連株はもちろんのこと、家電量販店、百貨店、スーパー等の消費関連株も押し上げられている、というのである。

２００１年7月17日付の毎日新聞朝刊も「気温が上がれば株価もぐんぐん　猛暑銘柄さまざま」と題して、ほぼ同様の見方を紹介している。この記事の新味は「クーラーが効いていて涼めるということでパチンコ店も流行る」という点を指摘しているところだろうか。

もちろん、猛暑の時のほうがクーラーが売れるのは確かだろう。が、それだけで景気が左右されるはずもない。それならば地球温暖化も捨てたものではない。実は前述のような記事の中でも専門家は「猛暑の効果は限定的である」というコメントを寄せている。「暑いからもう何もしたくない」という投資家の心理面のマイナスが株価に直接影響する面も大きいはずである。

むろん最近は職場等の各所でエアコンが完備されているため、暑い中で仕事をしなくて良い状況になった。しかし、だから快適とは言えないだろう。職場が涼しければ外出した時の暑さはこたえる。また過剰冷房は健康を害することにも繋がる。また夜はエアコンをつけない人も少なからずいるだろうが、熱帯夜（1日の最低気温が摂氏25度以上の夜）は寝付けないことも多く、睡眠不足になりイライラの原因となる。また体力も消耗するだろう。暑すぎる夏はエアコンで解決できる訳ではない。むしろその涼しさのツケはどこかで払わされているはずである。

7〜9月の平均気温と日経平均の騰落率の関係

そこでまず簡単に夏の平均気温と株価の関係を観察してみた。

月	7月	8月	9月
相関係数	-0.312	-0.064	-0.323

（出所）気象庁の気象統計情報を基に大和総研作成

図12-1　7月、8月、9月の日経平均騰落率と平均気温の相関係数

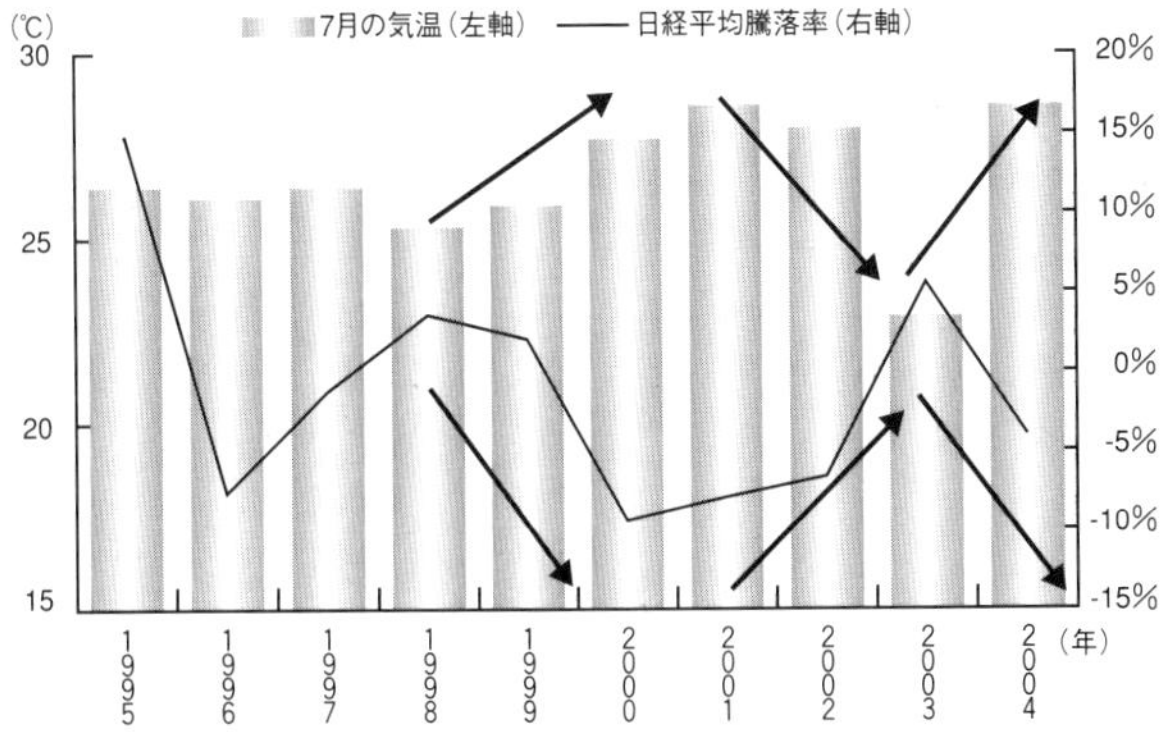

図12-2　7月の平均気温と日経平均騰落率

気象庁のホームページから1961年以降の月次の平均気温のデータは取得できる。時系列で各年の7月と8月の月次の平均気温と、それに対応する月の日経平均騰落率の相関係数を算出した。参考に、残暑の時期ともなる9月の相関係数も算出した（図12－1）。

まず7月の相関係数はマイナス0・312となった。気温が高い7月の株価は低くなるという傾向がある程度は認められるということである。実際に図12－2で7月の日経平均騰落率と平均気温の関係を観察した。

ここでは傾向を見易いように２００４年までの過去10年間に絞って示した。上下の矢印はそれぞれ、気温と株価の動きの違いを示したものである。矢印は互いに反対を向いており、グラフが逆相関の関係にあることが分かる。

ここで話を図12－1に戻すと、7月は逆相関の関係が強いが、8月は殆ど見られない。相関係数はマイナスとは言うもののゼロに近い水準である。そもそも8月は暑い月なので、暑いことは当たり前であると人々が覚悟しているのではないか。だから暑くてもそんなに嫌気がささないのかもしれない。

一方、9月はマイナスの相関係数が高くなった。残暑との関係があるのかもしれない。同じ30度でも「まだ暑いのか……」と嫌気がさして、人々のやる気が失われるのである。

7～9月の日次平均気温と株式パフォーマンス

そこでさらに夏の気温と株価の関係を捉えるため、年を限らず各月毎に日次ベースで最高気温を基準に分類して、その分類毎の日経平均の騰落率の平均値を観察した（図12－3）。

まず、7月に関しては、「35度以上」では日経平均の日次騰落率の平均値が0・25％

7月日経平均騰落率	平均	中央	最大	最小	サンプル数
35℃以上	0.25%	0.15%	3.93%	-2.67%	27
30℃以上35℃未満	-0.06%	0.02%	3.49%	-4.22%	512
25℃以上30℃未満	0.01%	-0.03%	6.27%	-4.25%	357
20℃以上25℃未満	-0.01%	0.03%	2.88%	-4.06%	167
20℃未満	0.08%	-0.04%	1.16%	-0.72%	11

8月日経平均騰落率	平均	中央	最大	最小	サンプル数
35℃以上	-0.20%	-0.15%	1.92%	-3.31%	53
30℃以上35℃未満	-0.03%	0.01%	6.13%	-7.68%	708
25℃以上30℃未満	0.01%	0.07%	6.22%	-5.93%	275
20℃以上25℃未満	0.03%	0.09%	4.28%	-1.55%	43
20℃未満	——	——	——	——	0

9月日経平均騰落率	平均	中央	最大	最小	サンプル数
35℃以上	0.87%	0.92%	4.54%	-1.64%	7
30℃以上35℃未満	-0.17%	-0.09%	4.67%	-6.63%	229
25℃以上30℃未満	-0.01%	0.04%	4.12%	-5.04%	450
20℃以上25℃未満	-0.09%	-0.08%	5.32%	-4.75%	254
20℃未満	-0.01%	0.05%	4.56%	-4.24%	30

（出所）気象庁の気象統計情報を基に大和総研作成

図12-3　7月、8月、9月の日次平均気温と株式パフォーマンス

と最大になってしまった。これはサンプル数が少ないことも原因にあるかもしれない。

サンプル数が多い、「30度－35度」は平均値のマイナスが最大となった。「25度－30度」と「20度－25度」は殆ど平均値で違いがなかった。しかし中央値では「25度－30度」はマイナスとなった。

8月に関しては、気温と株式パフォーマンスには顕著な関係が見られない。「35度以上」の平均値で最も低く、気温が低くなるに連れて平均値は高まっている。

9月はやや、傾向が捉えにくか

7月、8月日経平均騰落率	平均	中央	最大	最小	サンプル数
35℃以上	-0.05%	-0.15%	3.93%	-3.31%	80
30℃以上35℃未満	-0.04%	0.01%	6.13%	-7.68%	1220
25℃以上30℃未満	0.01%	0.02%	6.27%	-5.93%	632
20℃以上25℃未満	0.00%	0.01%	4.28%	-4.06%	210
20℃未満	0.08%	-0.04%	1.16%	-0.72%	11

（出所）気象庁の気象統計情報を基に大和総研作成

図12-4　7月、8月の日次平均気温と株式パフォーマンス

った。

そこで、傾向が捉えにくい9月を除いた7月と8月の2カ月を対象にサンプルを併せて観察したものが図12－4である。平均値に注目すると、平均気温が高いと日経平均の騰落率が低い傾向が顕著に見られた。

やはり暑いと動く気が失せるのはヒトも市場も同じである。

体臭と香水

さて、こうした結果の一方、猛暑で売れ行きを伸ばす業界があることも事実である。前述のビール、清涼飲料水、家電などはその代表例だが、何か他の新しいものはないものか。

実は筆者は香水の消費量と株価の関連について注目して調べてみたことがある。何も「暑い」→「汗をかく」→「体臭が気になる」→「香水が売れる」という連想のみで行った研究ではない。

男性用の香水の売り上げの伸びが各種の情報媒体で報道されて

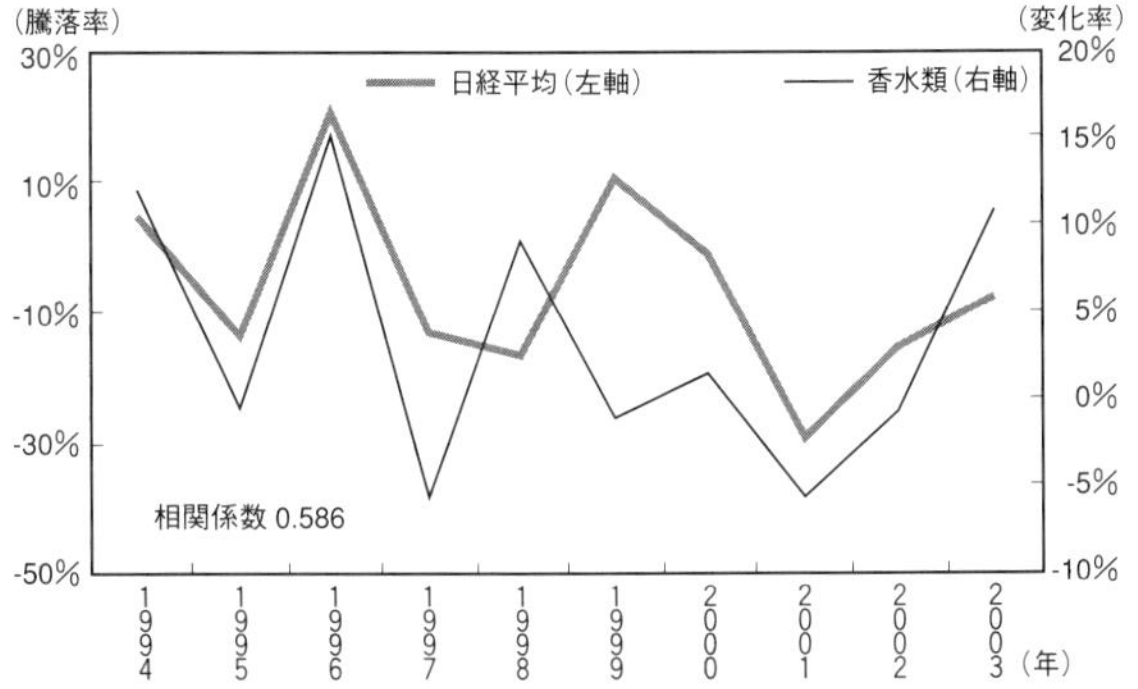

図12-5　国内における香水類の出荷額（前年比変化率）と日経平均（前年比騰落率）

いる点に注目したのである。２００５年１月９日付の読売新聞朝刊では「今年の流行は……スマート＆ゴージャス　納得の出費」と題して、伊勢丹新宿本店のメンズ館の男性用香水の人気を指摘していた。近年は自分を磨く投資をする消費者が増えている。

　このように男性や女性に限らず香水に注目が集まる背景には、ある程度の生活の余裕があるだろう。経済的にだけでなく心理的にも余裕があるからこそ、自分を磨くという意識が働くと考えられる。こうした生活面の余裕は株価と関係が強いかもしれない。そこで日本国内の香水の販売量と株式市場の関係を観察した。

　具体的には２００３年までの過去10年間で香水類の国内の出荷額の前年比変化率と、日経平均の前年比騰落率の相関関係を捉えたものである。日経平均の各年の月末値を単純平均し、前年と比較したものを前年比騰落率とした（図12−5）。香水類の出荷額と日経平均の2本のグラフが、比較的連動している傾向が見られる。相関係数は０・５８６と比較的高い水準であった。

つまり国内の香水類の出荷額が多い場面では日経平均の騰落率が高くなる傾向が見られる。

困ったことに、これは夏のことだけを見ると、この項の前半の結論とは少々矛盾するところがある。前述の通り、夏は汗のにおいを抑えるため香水の売り上げが伸びる。特に猛暑になると、売り上げが増大すると言われている。

ただし、あくまでも猛暑は香水の販売においては1つの要因に過ぎない。むしろ広い意味での生活の余裕こそが、消費を伸ばす要因だと思われる。

クールビズの効能

夏に絡んだ最新の話題として、「クールビズ」についても考えてみたい。ご存知とは思うが、クールビズは「涼しい」や「クールでカッコいい」のクールとビジネスを合体させた造語だ（こういう言葉は往々にして数年で死語になるのでここで一応記録しておくのである)。

このクールビズは環境省が提案したもので、実際には夏の軽装キャンペーンのこと。かつての「省エネ運動」と大差はない。差といえば当時は環境庁だったのが今では環境省になっているくらいかもしれない。

環境省では、地球温暖化防止国民運動を「チーム・マイナス６％」と呼んで、その活動の１つに、夏の職場の冷房温度を28度にすることを呼びかけた。この28度でも涼しく効率的に働くことができる夏の軽装をしてください、というのである。具体的にはたとえばノー・ネクタイ、ノー上着ならば体感温度は２度下がるそうだ。

大気中の温室効果ガスの増大による地球の温暖化を抑止することを目的とする第３回締約国会議で採択された京都議定書では、先進諸国に対し２００８～２０１２年の間に、温室効果ガスの削減を１９９０年比の数値として義務づけた。日本は６％の削減義務がある。これを実現するための運動がクールビズの根拠のチーム・マイナス６％である。

こうした環境意識への高まりのなかで、７月７日に調査会社の帝国データバンクはクールビズを含む環境問題への企業の意識調査の結果を発表した。調査期間は２００５年6月22～30日で調査対象は全国の２万１３７４社。回答率は48・６％であった。調査結果は、クールビズを「開始している」が20・7％、「検討中」が19・6％となった。また44％から「定着させるべき」との回答が得られたという報告である。

ただ一方で、クールビズそのものに対してクールな見方をする向きもある。

「軽装っていっても、部長が透け透けの格好をしてくるのはセクハラです」

「ワイシャツからネクタイを取ったら、単に新橋の酔っ払いみたいにしか見えない」

これは軽装に慣れていない人がいるから出てくる不満であろう。

「社外の人と突然会う機会が多いので、ノー・ネクタイはとても無理」

職場環境、職種によってはこういう問題も出てくる。

第一生命経済研究所が試算したところによると、クールビズが行われることで日本経済に与える経済効果は約1000億円と見られているが、これはあくまでも新たな軽装を購入した場合。ただネクタイと上着を取るだけでは、こうした効果も期待できない。

しかしクールビズは環境問題だけでなく、過剰冷房による健康面の悪化を防ぐ健康問題への対応にも繋がる。ネクタイや背広を着用した男性に配慮した冷房調節は女性にとっては厳しい環境になるケースがあるため、女性に配慮した職場環境の形成という面でも評価できるだろう。

クールビズに積極的な姿勢の企業の株式パフォーマンス

そこでクールビズに積極的な企業の株式パフォーマンスが、企業全体に比べて、どの程度になっているかを観察した（図12－6）。

先に挙げた意識調査では20％が既に導入しているとの回答であった。しかし導入企業をピックアップすることは現実的には難しい。そこで客観的な基準として設けられる、「クールビズ賛同団体に属する企業（以下、クールビズ賛同企業）」と「チーム・マイナス6％に参加している企業（以下、チーム・マイナス6％参加企業）」の2つを基準に取り上げてそれぞれに該当する企業のパフォーマンスを観察した。

クールビズ賛同企業とは、クールビズに賛同して、ロゴの使用申請をした企業の事である。

チーム・マイナス6％参加企業とは、地球温暖化防止の目標としている温室効果ガス排出量の6％削減を実現するための、国民的プロジェクトに参加している企業である。具体的には「チーム・マイナス6％」の目的を達成するために、地球温暖化防止につながる具体的な行動を計画し、「6つのアクション」に重点を置いて実行、見直し、改善

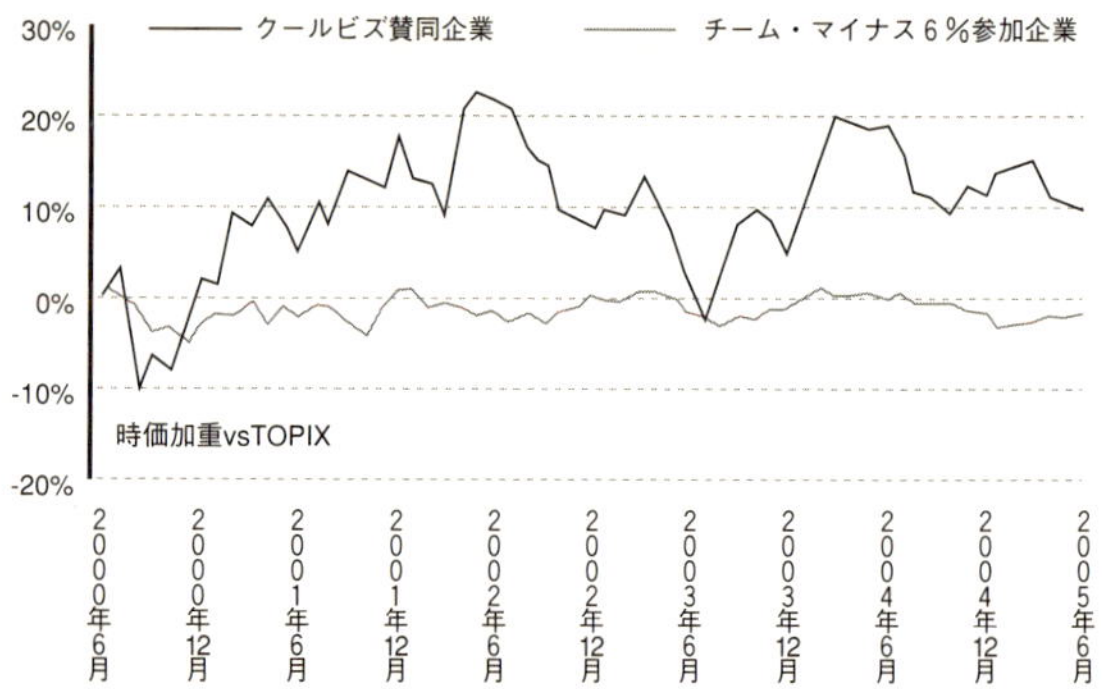

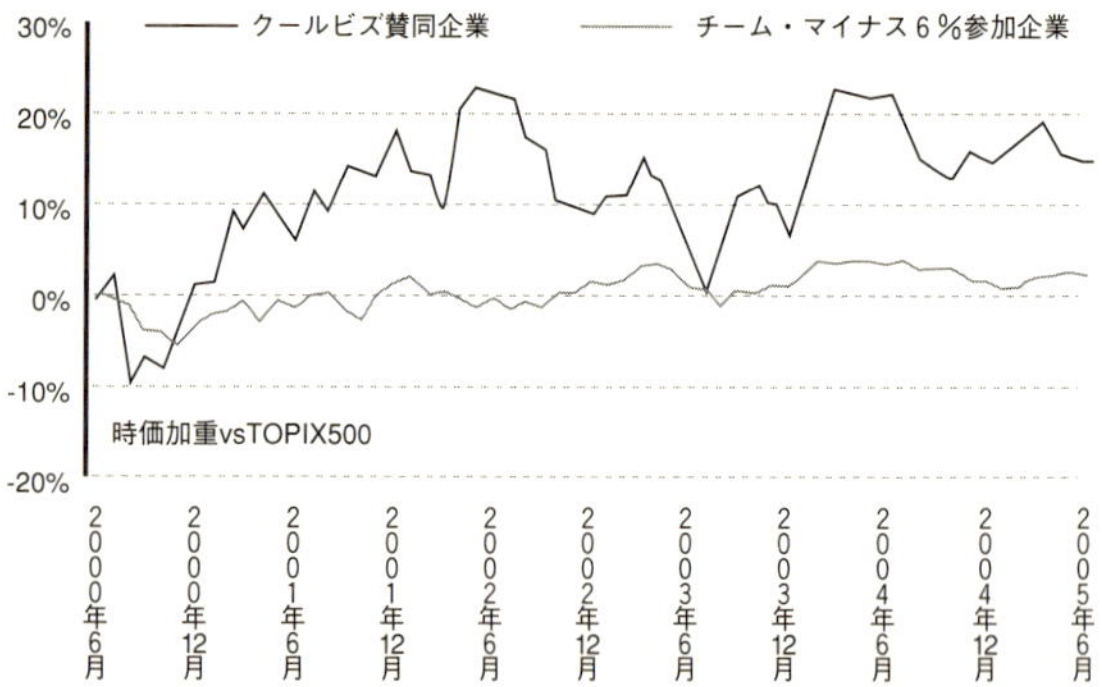

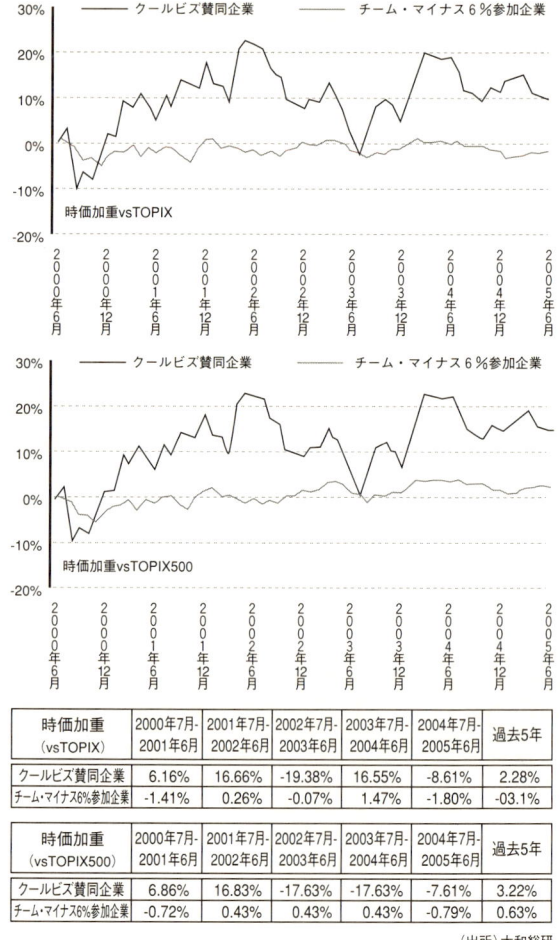

時価加重（vsTOPIX）	2000年7月-2001年6月	2001年7月-2002年6月	2002年7月-2003年6月	2003年7月-2004年6月	2004年7月-2005年6月	過去5年
クールビズ賛同企業	6.16%	16.66%	-19.38%	16.55%	-8.61%	2.28%
チーム・マイナス6%参加企業	-1.41%	0.26%	-0.07%	1.47%	-1.80%	-03.1%

時価加重（vsTOPIX500）	2000年7月-2001年6月	2001年7月-2002年6月	2002年7月-2003年6月	2003年7月-2004年6月	2004年7月-2005年6月	過去5年
クールビズ賛同企業	6.86%	16.83%	-17.63%	-17.63%	-7.61%	3.22%
チーム・マイナス6%参加企業	-0.72%	0.43%	0.43%	0.43%	-0.79%	0.63%

（出所）大和総研

図12-6　クールビズ賛同企業、チーム・マイナス6%参加企業の株式パフォーマンス

することに賛同した企業である。

新しいことはやってみたほうがいい

こうした分析結果からクールビズに積極的な企業の株式パフォーマンスは直近の数年間は良好な傾向が見られた。クールビズに積極的な企業は業種や規模に偏りがあるため、本調査のみで全てを言い切るわけにはいかない。しかし特に、賛同企業の好パフォーマンスが特徴的であったことは注目される。

パフォーマンスをポジティブにさせる原因がクールビズを導入したことという訳ではないだろう。それならば「わが社は全員タンクトップを義務付ける」「いや、うちは全裸だ」とエスカレートすること必至である。ことはそう簡単ではなく、クールビズと株式の直接的な関係をとらえるのは難しい。

しかしクールビズに積極的な企業の株式パフォーマンスを、企業全体の平均と比べてみると、クールビズと株式パフォーマンスにポジティブな相関があると考察される。

なぜならクールビズに積極的であることは、環境面と従業員の健康面への配慮の意識が高い企業だからである。そしてビジネスの服装に対する固定観念よりも、効率的な業務を可能とさせる姿勢を重視するという点も、経営姿勢のポジティブな面の現れの一環である。

また、軽装ファッションの行き過ぎ等の懸念に対して、従業員を信頼できる環境も企業経営にプラスの影響を与えている可能性が大きいだろう。これには企業の姿勢のみならず、従業員の意識も重要である。

何《いず》れにせよクールビズの導入は、様々な観点から良いと考えられることを積極的に取り入れていく企業の経営姿勢の表象と考えられる。

２００５年度からのキャンペーンであるクールビズであるが、嘗《かつ》ての半袖の背広の省エネスーツの様に一時的な注目で終わってしまうようなものであれば、企業側もクールビズを一度導入して再び廃止するという形になってしまい、一貫した姿勢が取れないというネガティブなイメージに繋がってしまう。環境に関する問題は厳しい状況にあることから、政府もクールビズ導入の呼びかけを引き続き強めて、企業への導入を促進することが必要である。

コラム⑧　季節の話

筆者はこれまでにとりあげた以外にも、季節と株価の関係の研究をいくつかしています。細かい分析はさておいて、それらの結果についてここで簡単に触れてみましょう。

満開のサクラを見ていい気持ちにならない日本人は滅多にいないでしょう。そこで、「サクラの開花は株価にプラスに働くのではないか」、そう思って調べました。ところが残念なことに、サクラの開花から満開の期間はむしろ株価はマイナスになることがわかりました。これは開花日が決算期末期と重なることが多いため、投資家の手控えの姿勢が強まるからではないかと推察されます。

その一方で意外なことに、過去40年間のデータではイチョウの黄葉期間、カエデの紅葉期間には株価がプラスになる傾向が見られました。サクラほど人々の気持ちに訴えるものかどうかは不明なのですが、1つの参考にはなると思います。

また、台風について調べたこともあります。その結果は、台風が多い年の8月と9月は株価が低調になる傾向が見られました。天災の被害をニュースなどで見れば、ポジティブな心理にはなりにくいものです。台風の被害は直接的なものだけではなく、農作物の不作にも繋がります。また、山で木の実が落ちるとクマやシカの食料も不足し、そのため人里に降りてきた彼らが、さらに人間に被害を及ぼすこともあります。

　こうした影響を憂慮して、人々が投資行動を控えるために株価が下がるのだと考えれば、こちらは非常にわかりやすい結果だと言えるでしょう。

第13話　社名は株価を左右する

社名は企業の将来や株価に影響を与えるか？

子供が生まれると、親は「どんな名前にしようか？」と頭を悩ませたりする。名前の決め方は様々である。子の名から美しい響きを満喫できれば良いという観点で、そのまま「響きが良い名」を付ける人もいれば、占いに絡めて字画を重んじる人もいる。

但し、大方に共通することは子の将来への願いを名前に込めたりするものだということである。かつて「悪魔」とわが子に命名して騒動を起こした親がいたが、彼らとて悪気があったわけではない。インパクトを狙ったゆえの愚行に過ぎない。

明治安田生命保険は、毎年、生まれた子供の名前ランキングを発表し、ＨＰでも公開している。これが実に興味深い。２００４年のベスト５は、男の子が「蓮」「颯太」「翔太」「拓海」「大翔」（3位の2組は同数）、女の子が「さくら」「美咲」「凛」「陽菜」「七海」「未来」（1位と5位は2組ずつで同数）となっている。

このランキングを眺めているといろいろと考えさせられる。たとえば１９３８年から45年までの男子の名前の上位は「勝」「勇」「進」と勇ましいものが並ぶ。女の子ですら「勝子」が人気である。しかし、敗戦後１９４６年になると、それらは突然上位から転落し、「稔」「和夫」「清」と穏やかな名前がトップ3を占めている。これも当時の親の気持ちを反映しているのだろう。

会社の命名も同様のことがいえる。社名には創業者の願いや企業理念に由来するものも多い。企業グループの一員であることを表すために、そのグループ名が社名の一部に使われるケースも多いが、中には新たな企業ブランドの形成を目指し、グループ名を外して社名を変更する企業も見られる。

子供の名前に込めた意味とかけ離れた人になるケースも多い。美子さんがその名前の通りであるとは限らない。幸子さんが幸せとは限らない。男の子でも、あまりに壮大な名前は重荷になったり、時には笑いものになったりするから気をつけたい。

しかし、社名に表象される企業理念は、少なくとも従業員の多くに浸透し、経営方針から末端の業務にまで少なからず影響を与えるのではないか。

ここでは企業理念に由来する幾つかの社名を選択して、その企業の株価動向を観察した。社名が企業業績や株式のパフォーマンスを全て支配するとは到底思えないが、社名に表れる理念は企業の将来や株価に少なからず影響を与えていてもおかしくはない。


企業理念に由来する社名とは?


まず、筆者がわかり易いと考えた、目標と理念に関する5つの由来をピックアップした(図13－1)。

まず、「フジ」が付く社名。その由来は富士山にあるケースが多い。富士山は日本一高いことから「頂点を目指す」企業目標の表象である。「不二」も同じフジと読むが、これも実は富士山の古い表記で「2つとない」頂点を表すものであるから、類似のイメージを持っているといっていいだろう。

「アサヒ」は、朝日のごとき将来の発展を願う意味が込められているケースがあると思われる。「旭」が付く企業も同様の趣旨のケースがある。

「ヤマト」は、日本国の別名の大和にちなむケースが見られる。その場合「フジ」と同

	フジ	アサヒ	ヤマト	日本	社会貢献
象徴/意味	頂点、日本一、2つとない	朝日のごとき将来の発展	日本一、商売大当たり、大きい和	日本代表、外国に対抗できる	社会奉仕など（Social Service、Trust）

田中ひろみ著『思わず話したくなる社名&商品名の謎』を基に大和総研作成

図13-1　企業理念に由来する社名

様、日本一を目指す意味である。

「日本」が付く会社は、直接的に実感される様に「日本を代表する」ことを目指していると思われる。

社会貢献を目指す気持ちが込められた社名も、多くあるようだ。本項では良く知られているエステー化学、エスエス製薬の2社をピックアップした。エステー化学は会社の基本方針の「社会に対する奉仕（Service）と信頼（Trust）を信条とし、製品については最高（Super Top）を理念とすること」の頭文字からとった「ST」が由来である。また、エスエス製薬のエスエス（SS）は、会社のテーマである「人にいいこと」から、「Social Service（社会奉仕）」の頭文字をとったものである。

企業理念に関する社名と株価の関係は？

では、実際に5つの企業理念に関する社名を有する企業の株式パフォーマンスを観察してみよう。特に、フジ、アサヒ、ヤマト、日本の4つの由来はいずれも、勢いや、業界トップを表すもので、その理念に従う経営成果があれば、市場全体をアウトパフォームすることが見込まれる。

具体的な分析方法は２００４年7月末時点で、東証、大証、名証、ＪＡＳＤＡＱ及び、ヘラクレス銘柄を対象に、カテゴリー毎に社名に図13－２の語が含まれている企業をピックアップした。それぞれに該当する企業数を示したが、「当社は日本を代表する企業という自覚、或いはそれを目指す」という趣旨の企業が多いからか、日本が含まれる企業が２０９社と最も多かった。

理念カテゴリー	選別したもの	銘柄数
フジ	富士、不二、フジ、ふじ	59
アサヒ	朝日、旭、アサヒ、あさひ	26
ヤマト	ヤマト、やまと、大和	7
日本	日本、ニホン、ジャパン、ジェイ、にほん	209
社会貢献	エステー化学、エスエス製薬	2

（出所）大和総研

図13-2　5つの理念カテゴリーと「含まれる語」

そして、それぞれの企業が過去15年間（１９８９年9月～２００４年8月）で平均的にどの程度上昇してきたかを観察した。

分析結果は図13－３で示した通りである。理念カテゴリー別企業の平均的な株式パフォーマンスが、市場全体と比べてどの程度上昇しているかを見るために、ＴＯＰＩＸ平均超過リターンを観察した。ＴＯＰＩＸが時価総額加重型指数であるため、社名ポートフォリオも時価総額加重の平均リターンを計測した。

最も銘柄数の多かった「日本」は過去15年間で年率４・２％の平均超過リターンであった。実際に図13－４で過去のパフォーマンス

	フジ	アサヒ	ヤマト	日本	社会貢献
銘柄数（2004年8月末時点）	59	25	7	209	2
過去15年（1989年9月-2004年8月）	2.6%	0.8%	6.2%	4.2%	4.9%
過去10年（1994年9月-2004年8月）	3.8%	1.6%	8.3%	4.0%	6.3%
過去５年（1999年9月-2004年8月）	-8.7%	6.5%	1.1%	0.9%	10.0%

※リターンは年率換算した。（出所）大和総研

図13-3　理念カテゴリー別企業の対TOPIX平均超過リターン

グラフを見ると、90年以降のバブル崩壊時の落ち込みが低く、ＩＴバブル時の１９９０年代後半にかけて市場以上の上昇を見せている。その後、約76％下落しているが、近年は日本経済の回復に連動して回復してきた。やはり「日本」を代表する企業だけに日本経済、市場全体との連動性が市場平均以上に強い。

一方、「フジ」も日本と似た動きをしているが、やや「フジ」の方がパフォーマンスが悪く、過去5年間でマイナス８・７％という結果になった。

ところで図13－3で非常に興味深いポイントは、マイナスの平均リターンが、この「フジ」の過去5年平均のみであった点である。ということは因果関係の検討は難しいが、社名の企業理念と株式のパフォーマンスとの相関が見られないとは言えない。と言うよりも積極的に、理念は株式パフォーマンスと関係が強いと解釈できるかもしれない。

また、近年企業の社会的責任（ＣＳＲ）が注目されるなかで、「社会貢献」としてピックアップした2社の平均パフォーマンスは良好であった。図13－5の累積超過リター

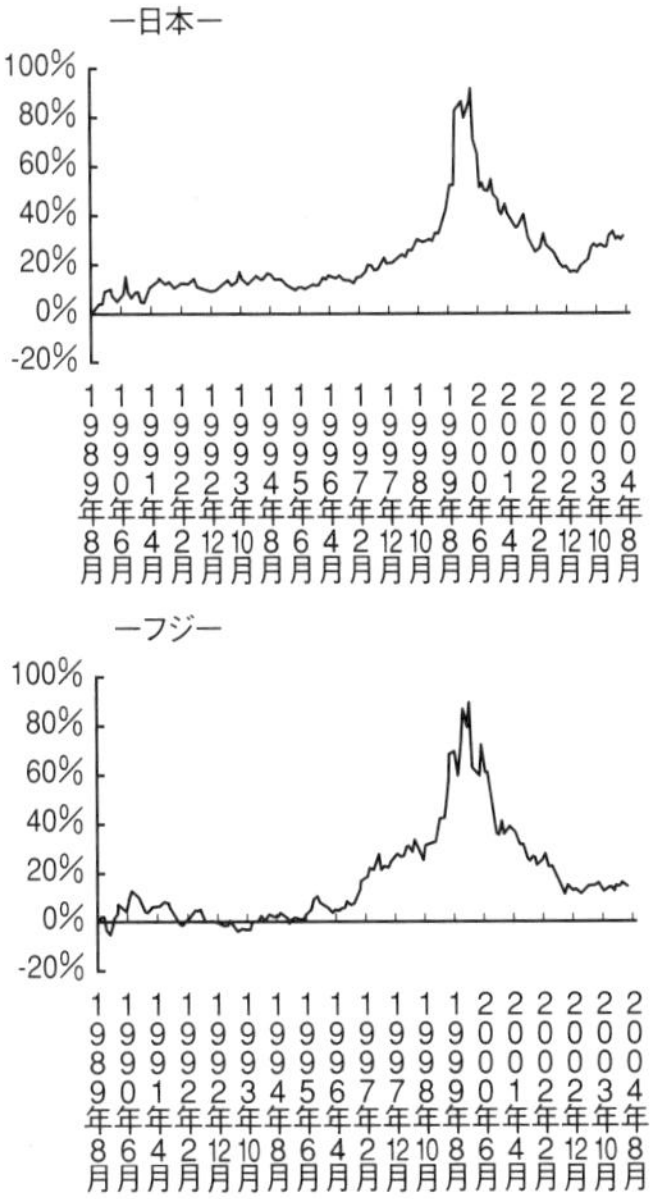

図13-4　「日本」「フジ」対TOPIX累積超過リターン

図13-5　「社会貢献」の対TOPIX累積超過リターン

〈アサヒ〉

企業名	時価総額（100万円）	対TOPIX平均超過リターン
旭ホームズ	2641	-15.1%
朝日工業社	11152	8.8%
アサヒビール	532074	12.2%
アサヒ飲料	49482	50.6%
旭松食品	6558	-15.8%
あさひ	11873	—
旭化成	708324	-7.5%
朝日印刷	9588	-34.6%
旭有機材工業	30789	-8.3%
旭電化工業	107091	-0.2%
アサヒペン	9949	-1.2%
朝日ラバー	3461	39.7%
旭硝子	1242230	5.2%
旭テクノグラス	37520	79.9%
旭コンクリート工業	6784	21.6%
旭ダンケ	1466	13.3%
アサヒ衛陶	1500	23.4%
旭テック	17768	-38.6%
アサヒプリテック	27592	30.5%
旭精機工業	5322	-13.4%
旭ダイヤモンド工業	42465	-12.3%
朝日インテック	25511	6.6%
旭化学工業	1351	-22.7%
朝日放送	25344	10.4%
テレビ朝日	215284	11.8%
旭情報サービス	8511	4.5%

〈ヤマト〉

企業名	時価総額（100万円）	対TOPIX平均超過リターン
ヤマト	14136	13.4%
大和フーズ	3838	6.8%
大和工業	117935	50.1%
ヤマト硝子	1875	15.4%
ヤマト・インダストリー	1796	41.2%
ヤマト・インターナショナル	16426	37.6%
ヤマト運輸	783089	-1.9%

時価総額は2004年8月末時点
対TOPIX平均超過リターンは過去1年間で算出

図13-6　アサヒ、ヤマトが社名に含まれる企業リスト

ンのグラフでも、特に近年のパフォーマンスが良いことは注目されるが、これはCSRへの注目の高まりの表れと見られる。SRI（社会的責任投資）のパフォーマンスとしても考えられる。

アサヒとヤマトが社名に含まれる企業

また、図13－6は、2004年8月末時点で、直近のパフォーマンスが良いアサヒとヤマトが社名に含まれる企業をピックアップしたもので、本項で分析に用いた銘柄リストである。朝日のごとき将来の発展を願うアサヒが社名に付いた企業は特に足元のパフォーマンスが良く、過去5年間で6・2％の平均超過リター

ンとなった。

バブル崩壊後、長期低迷した日本経済の構造的な不況から脱出し、朝日のごとく復活する牽引役に期待されているからかもしれない。

もちろん、子供の名前同様、どの企業の名前でもポジティブな願いが込められていることであろう。ただし、それぞれの願いが常に時勢にマッチしているかどうかはわからない。時には戦時中の「勝」「勇」「進」のように1年で時代とズレてしまうこともある。社名に隠された理念も投資の参考として侮れないようだ。

コラム⑨　トップの年齢

本書のための詰めの作業を行っている最中、２００５年9月に総選挙が行われました。結果は自民党の歴史的勝利であったことはご承知の通りです。小泉首相の強いリーダーシップや構造改革の一層の進展を期待して、外国人投資家の物色姿勢が強まり、選挙後1カ月の10月11日までにＴＯＰＩＸは7・34%上昇しました。

ところで近年、政界や産業界等の多くの業界で若手人材の積極的な活用の必要性が指摘されています。しかし、小泉内閣も第3次をむかえ、彼の年齢も63歳（就任時）になりました。これは歴代首相の平均である62歳を上回ります。50代で首相になった小泉氏ですが、いつのまにか若い首相の仲間ではなくなっています。

果たして総理大臣は若いほうが良いのか、それとも経験を積んだ年配の人の方が良いのでしょうか。歴代総理大臣の年齢と株価の関係を調べると（図13－7）、意外にも年齢とＴＯＰＩＸ騰落率の相関係数はプラス0・14となりました。つまり、年齢が高いときのほうが、株価が上がるという傾向が若干ながら認められたのです。

近年は若さを賛美しがちですが、「ただ闇雲に若ければいいものではない」ということがわかります。年配者でも革新的な人物は多く、しかも経験が豊富だという貴重な面も持っているということなのです。

順	次数	氏名	就任時年齢	在職期間	在職期間開始日TOPIX	在職期間終了日TOPIX	TOPIXリターン
	第4次	吉田茂	74歳	1952/10/30-1953/05/21	29.7	31.3	5.5%
	第5次	吉田茂	74歳	1953/05/21-1954/12/10	31.4	29.0	-7.8%
35	第1次	鳩山一郎	71歳	1954/12/10-1955/03/19	29.3	30.7	4.8%
	第2次	鳩山一郎	72歳	1955/03/19-1955/11/22	30.7	36.8	19.8%
	第3次	鳩山一郎	72歳	1955/11/22-1956/12/23	36.8	51.3	39.6%
36		石橋湛山	72歳	1956/12/23-1957/02/25	51.3	52.3	1.9%
37	第1次	岸信介	60歳	1957/02/25-1958/06/12	52.3	51.3	-1.9%
	第2次	岸信介	61歳	1958/06/12-1960/07/19	51.1	98.2	92.3%
38	第1次	池田勇人	60歳	1960/07/19-1960/12/08	98.6	106.6	8.1%
	第2次	池田勇人	61歳	1960/12/08-1963/12/09	106.6	94.5	-11.3%
	第3次	池田勇人	64歳	1963/12/09-1964/11/09	94.5	88.3	-6.6%
39	第1次	佐藤栄作	63歳	1964/11/09-1967/02/17	88.5	113.7	28.5%
	第2次	佐藤栄作	65歳	1967/02/17-1970/01/14	114.0	175.0	53.5%
	第3次	佐藤栄作	68歳	1970/01/14-1972/07/07	175.4	282.2	60.9%
40	第1次	田中角栄	54歳	1972/07/07-1972/12/22	281.3	381.1	35.5%
	第2次	田中角栄	54歳	1972/12/22-1974/12/09	376.3	286.5	-23.9%
41		三木武夫	67歳	1974/12/09-1976/12/24	281.6	376.1	33.6%
42		福田赳夫	71歳	1976/12/24-1978/12/07	375.1	448.6	19.6%
43	第1次	大平正芳	68歳	1978/12/07-1979/11/09	447.4	444.3	-0.7%
	第2次	大平正芳	69歳	1979/11/09-1980/06/12	444.3	465.9	4.9%
44		鈴木善幸	69歳	1980/07/17-1982/11/27	469.2	580.6	23.7%
45	第1次	中曽根康弘	64歳	1982/11/27-1983/12/27	578.9	728.7	25.9%
	第2次	中曽根康弘	65歳	1983/12/27-1986/07/22	724.5	1395.0	92.6%
	第3次	中曽根康弘	68歳	1986/07/22-1987/11/06	1386.6	1867.0	34.6%
46		竹下登	63歳	1987/11/06-1989/06/03	1857.1	2501.6	34.7%
47		宇野宗佑	66歳	1989/06/03-1989/08/10	2518.2	2640.1	4.8%
48	第1次	海部俊樹	58歳	1989/08/10-1990/02/28	2643.9	2565.5	-3.0%
	第2次	海部俊樹	59歳	1990/02/28-1991/11/05	2500.0	1878.2	-24.9%
49		宮沢喜一	72歳	1991/11/05-1993/08/09	1881.8	1659.0	-11.8%
50		細川護煕	55歳	1993/08/09-1994/04/28	1654.6	1603.3	-3.1%
51		羽田孜	58歳	1994/04/28-1994/06/30	1601.5	1673.3	4.5%
52		村山富市	70歳	1994/06/30-1996/01/11	1666.6	1600.0	-4.0%
53	第1次	橋本龍太郎	58歳	1996/01/11-1996/11/07	1617.5	1562.0	-3.4%
	第2次	橋本龍太郎	59歳	1996/11/07-1998/07/30	1573.2	1248.2	-20.7%
54		小渕恵三	61歳	1998/07/30-2000/04/05	1240.7	1695.1	36.6%
55	第1次	森喜朗	62歳	2000/04/05-2000/07/04	1714.3	1606.9	-6.3%
	第2次	森喜朗	62歳	2000/07/04-2001/04/26	1603.5	1359.3	-15.2%
56	第1次	小泉純一郎	59歳	2001/04/26-2003/11/19	1341.4	953.2	-28.9%
	第2次	小泉純一郎	61歳	2003/11/19-2005/09/21	973.4	1357.7	39.5%
	第3次	小泉純一郎	63歳	2005/09/21-	1352.5	-	-

（出所）100年後の歴史小説：（http://www.promised-factory.com/100years_after/）の「歴代内閣総理大臣一覧」を基に大和総研作成

（注）1980/06/12-1980/07/17は内閣官房長官、伊東正義が内閣総理大臣臨時代理となっている為、分析対象から除外。

図13-7　歴代首相の年齢とTOPIX

あとがき

インターネットを通じて一般の投資家も沢山の情報を得られるようになりました。しかしファンド運用を生業とする機関投資家に比べると、一般投資家は情報収集にかける時間やお金の費やしかたの点で圧倒的に不利な状況です。かといって機関投資家と勝負するために、情報の収集争いに邁進するという方法は余り得策といえません。同じフィールドで争わずに身近で得られる情報を最大限に活用するのが良い方法でしょう。

意外と機関投資家の方々は、日常的な情報から離れがちなのです。筆者とお付き合いがある一般投資家に、街角の景気を重視する方がいらっしゃいます。街でタクシーがつかまりにくくなったら景気が良くなってきた、行き付けのスナックの客が増えたら、生活に余裕が生まれ消費が良くなってきた、というふうに読むのです。そして、こうした読みが出来る投資家ほど運用が上手いのです。

人が利用しない情報には宝が隠されているのかもしれません。その宝を探し当てるには普段から経済を体感する意識を強めることが重要でしょう。

本書の目的は読者に行動ファイナンスの専門家を目指して頂くことではありません。隠れた情報を読者のみなさんがキャッチできるようになり、そして経済を身近に感じて投資が好きになることを願っているのです。

「好きこそ物の上手なれ」という言い回しがあります。本書は株式投資をバクチとして好きになることを勧めるものではありません。経済を身近に感じることで、株式投資を実感として馴染み深いものにするためのものです。本書を読み終えた方が、経済や株を少しでも身近に感じてもらえたら、筆者は幸福に思います。

本書を執筆する上では、たくさんの人にお世話になりました。扱ったテーマは身近なものばかりですが、いずれも統計的な裏付けを示しています。恩師の椿広計教授（筑波大学大学院ビジネス科学研究科）の統計ゼミでの様々な議論は、本書を作成する上で大変有意義なものとなりました。また、本書で扱ったスポーツと株価の関係では、筑波大学大学院の佐伯年詩雄教授、菊幸一助教授から頂いた重要な示唆が反映されています。天気と株価の密接な関係を統計的に示すなど、行動ファイナンスの啓蒙者であり、筆者が大変尊敬している岡山大学経済学部の高橋大志氏からは、普段の研究をする上で重要な示唆を頂きました。

また、筆者が所属する大和総研の武本嘉之社長には、本書を出版する上で多大な理解と協力を頂戴いたしました。並びに、大和総研の東英治、風間澄之、小林卓典の各氏には様々なご支援を頂きました。テクニカルアナリストの木野内栄治氏から伺った相場の歴史などについての様々なお話は本書を作成する上で大いに参考になりました。リサーチアシスタントの松森靖子、松田紀子、金沢澄恵子の各氏には、本書に掲載した図表の細かい修正等の煩雑な作業を手伝ってもらっただけでなく、偏りがちな筆者の視点を修正してくれる貴重なご意見を頂きました。また大和総研クオンツチームのメンバーにも多くのご協力を頂きました。これらの関係者には深く感謝いたします。

最後に本書出版の労をとって頂きました新潮社の後藤裕二氏、横手大輔氏に感謝の意を表します。お二人のご協力なしに本書は完成し得なかったことでしょう。

二〇〇六年一月

吉野貴晶

主要な参考文献

石村貞夫『すぐわかる統計解析』東京図書　１９９３年

加藤英明『天気と株価の不思議な関係』東洋経済新報社　２００４年

FWGP-Ferris Wheel Global Project のＨＰ（http://www.fwgp.com/first.html）

山崎元『山崎元のオトナのマネー運用塾』ダイヤモンド社　２００２年

佐伯年詩雄『現代企業スポーツ論』不昧堂出版　２００４年

田中ひろみ『思わず話したくなる社名&商品名の謎』日本文芸社　２００３年

吉野貴晶　1965(昭和40)年、埼玉県生まれ。千葉大学法経学部卒業。筑波大学大学院修士課程ビジネス科学研究科修了。大和総研投資戦略部次長、チーフクオンツアナリスト。

Ⓢ新潮新書

154

サザエさんと株《かぶ》価《か》の関係《かんけい》
行動《こうどう》ファイナンス入門《にゆうもん》

著　者　吉《よし》野《の》貴《たか》晶《あき》

2006年 2 月20日　発行

発行者　佐　藤　隆　信

発行所　株式会社新潮社

〒162-8711　東京都新宿区矢来町71番地
編集部 (03) 3266-5430　読者係 (03) 3266-5111
http://www.shinchosha.co.jp

組　版　株式会社ゾーン

印刷所　二光印刷株式会社

製本所　憲専堂製本株式会社

乱丁・落丁本は、ご面倒ですが
小社読者係宛お送りください。
送料小社負担にてお取替えいたします。

ISBN4-10-610154-8 C0233

価格はカバーに表示してあります。